COUP D'ŒIL

...ÉNIEUR MILITAIRE

SUR

...AT ACTUEL DE L'EUROPE

OU

...ODUCTION A LA DÉFENSE DES ÉTATS

PAR

LA FORTIFICATION

DEUXIÈME ÉDITION

AUGMENTÉE D'UN SECOND SUPPLÉMENT

PAR

...CHOUMARA (Pierre-Marie-Théodore)

CHEF DE BATAILLON DU GÉNIE, EN RETRAITE,

Auteur des ouvages indiqués au verso.

Malgré les incroyables épreuves auxquelles j'ai été soumis ; malgré les périls innombrables auxquels j'ai été exposé, Dieu a voulu que j'entrasse dans la classe des octogénaires ! J'ai donc encore quelque chose à faire en ce monde.

Peuples et souverains, je vais placer sous vos yeux le miroir de la vérité ; vous y verrez réfléchies les causes des complications, ou plutôt de la confusion qui plane sur l'Europe ; vous y verrez aussi les moyens de mettre un terme à ce chaos. Après avoir vu les moyens d'éviter la guerre, vous verrez comment il faut la faire pour rester maître chez soi, en dépit des conquérants enivrés par leurs succès.

PRIX : 2 FRANCS.

PARIS

LIBRAIRIE MILITAIRE DE J. DUMAINE

LIBRAIRE-ÉDITEUR DE L'EMPEREUR

RUE ET PASSAGE DAUPHINE, 30

CHOUMARA (VICTOR), NEVEU DE L'AUTEUR, NÉGOCIANT

RUE NEUVE-SAINT-MERRY, 13

1869

COUP D'ŒIL

D'INGÉNIEUR MILITAIRE

SUR

L'ÉTAT ACTUEL DE L'EUROPE

OU

INTRODUCTION A LA DÉFENSE DES ÉTATS

PAR

LA FORTIFICATION

DEUXIÈME ÉDITION

AUGMENTÉE D'UN SECOND SUPPLÉMENT

PAR

CHOUMARA (Pierre-Marie-Théodore)

CHEF DE BATAILLON DU GÉNIE, EN RETRAITE

Malgré les incroyables épreuves auxquelles j'ai été soumis; malgré les périls innombrables auxquels j'ai été exposé, Dieu a voulu que j'entrasse dans la classe des octogénaires! J'ai donc encore quelque chose à faire en ce monde.

Peuples et souverains, je vais placer sous vos yeux le miroir de la vérité; vous y verrez réfléchies les causes des complications, ou plutôt de la confusion qui plane sur l'Europe; vous y verrez aussi les moyens de mettre un terme à ce chaos. Après avoir vu les moyens d'éviter la guerre, vous verrez comment il faut la faire pour rester maître chez soi, en dépit des conquérants enivrés par leurs succès.

PRIX :

PARIS

LIBRAIRIE MILITAIRE DE J. DUMAINE

LIBRAIRE-ÉDITEUR DE L'EMPEREUR

RUE ET PASSAGE DAUPHINE, 30

CHOUMARA (VICTOR), NEVEU DE L'AUTEUR, NÉGOCIANT

RUE NEUVE-SAINT-MERRY, 13

1869

COUP D'ŒIL

D'INGÉNIEUR MILITAIRE

SUR

L'ÉTAT ACTUEL DE L'EUROPE

Quiconque abuse des coalitions, périra par les coalitions.

1. — L'ingénieur militaire a pour mission de protéger la vie humaine, de mettre le faible à l'abri de l'oppression du plus fort ; d'arrêter les invasions armées, qui ruinent les peuples et renversent les empires

Cette mission est grande, noble et belle, mais jusqu'à ce jour elle a été imparfaitement remplie.

La guerre de 1866, entre l'Autriche et la Prusse, ne peut laisser aucun doute à cet égard. Une seule bataille a si profondément modifié le rapport des forces des grandes puissances de l'Europe, que celle qui occupait le cinquième rang se croit, ou feint de se croire, passée au premier, et en mesure de dicter ses volontés à toutes les autres.

2. — La Prusse, ne consultant que ses convenances particulières, a pris violemment deux duchés au Danemark ; elle a chassé de son trône le roi de Hanovre et s'est emparée de son royaume. Elle a mis des garnisons prussiennes dans les forteresses de la Saxe, ce qui lui permet d'attaquer à son gré la Bohème et l'empire

d'Autriche par le nord. Elle a formé une coalition qui met à sa disposition les armées de tous les petits États de l'Allemagne du Nord, sous le nom déguisé et sonore de confédération. Pour couronner l'œuvre, il lui a fallu une coalition avec les petits États de l'ancienne confédération du Rhin, qui est un premier pas fait vers la violation du traité de Prague.

3. — Ces combinaisons du gouvernement prussien sont-elles nées viables ? Les grandes puissances de l'Europe peuvent-elles les tolérer sans préparer leur déchéance morale et politique ? Faudra-t-il une guerre européenne pour ramener la Prusse à des idées plus modestes et au juste sentiment de sa puissance réelle, la forcer à respecter les propriétés de ses voisins, à exécuter les traités auxquels elle a apposé sa signature ? Aura-t-elle l'intelligence de prévenir une exécution militaire européenne, en coopérant à un congrès européen, comme Prusse et non comme empire d'Allemagne ?

Telles sont les questions qui se présentent naturellement et que nous allons examiner avec l'attention qu'elles méritent.

4. — Le but avoué, proclamé d'une voix retentissante par la Prusse, est de réunir tous les tronçons épars d'une Allemagne fantastique, pour en former un *seul tout compacte*, très-humblement soumis aux volontés du gouvernement prussien. Il ne faut pas qu'il manque à ces tronçons un mètre carré de terrain. Il ne faut pas qu'on puisse distraire un seul homme de leurs contrôles.

5. — Eh bien, une telle idée ne peut être entrée que dans des cerveaux fêlés, dépourvus de toute connaissance des lois de la nature et des conditions d'existence des sociétés humaines ; car indépendamment des causes morales et matérielles qui doivent en rendre l'exécution

impossible, elle se heurte, tout d'abord, contre une impossibilité physique naturelle !

6. — Est-ce que l'Éternel a écrit sur quelque coin du globe terrestre : *Ce terrain appartient et appartiendra à perpétuité à l'Allemagne ?* Est-ce que l'Éternel a écrit quelque part : *Ici commence l'Allemagne,* et ailleurs : *Ici finit l'Allemagne ?* Non, messieurs les Prussiens, non, messieurs les Allemands, l'Éternel n'a point créé une Allemagne exclusivement réservée à votre usage, et constituée suivant les idées plus ou moins saugrenues qui peuvent vous passer par la tête, ou germer dans les cerveaux de ceux qui vous commandent, après quelques succès dont ils s'exagèrent les conséquences.

7. — L'Éternel a créé des bassins particuliers destinés à la satisfaction des besoins des êtres qui les habitent. Il a créé de grands fleuves dans lesquels viennent se jeter des rivières alimentées par des ruisseaux qui, tous, portent leurs eaux dans les immenses bassins que nous appelons les *mers ;* d'où l'évaporation les ramène dans les ruisseaux, les rivières, les fleuves, pour recommencer sans cesse ces voyages, portant partout la vie, la fécondité, et reliant les sociétés en corps de nation, ayant toutes le même intérêt à conserver l'usage de ces bienfaits de la nature.

8. — Si nous jetons un coup d'œil sur ce que vous appelez l'*Allemagne,* nous n'y voyons pas une mais quatre Allemagnes. Vous en reconnaissez vous-même deux, une Allemagne du Nord et une Allemagne du Sud. Il y a en outre une *Allemagne orientale* et une *Allemagne occidentale.* Ces deux dernières sont beaucoup plus distinctes que les deux premières; parce qu'elles sont tracées dans des bassins différents, parce que l'Allemagne orientale porte ses eaux dans la Méditerranée, dans la

mer Adriatique et dans la mer Noire, qui peuvent être considérées comme formant un seul bassin; et que l'Allemagne occidentale porte ses eaux dans la mer du Nord et dans la mer Baltique, qui en forment un autre.

9. — Quoi que dise, quoi que fasse la Prusse, l'Allemagne orientale, qui comprend le cours du Danube, depuis la forêt Noire jusqu'à la mer Noire, est une Allemagne autrichienne, non une Allemagne prussienne. Il ne serait pas plus facile aux Prussiens d'occuper cette Allemagne d'une manière permanente, que de faire remonter les eaux du Danube dans la mer Baltique. Les peuples situés dans le bassin du Danube ont des intérêts différents de ceux des peuples situés dans les bassins de l'Elbe, de l'Oder, de la Vistule. L'Elbe et le Danube sont, en langage enfantin, *à tête bêche*. Voilà pourquoi la Bohême et la Hongrie se sont unies à l'Autriche et ont combattu et chassé les Polonais et les Prussiens qui ont essayé tour à tour de les assujettir et chasseront tous ceux qui tenteront de séparer ce qui doit être uni. Berlin n'est pas plus taillé pour supplanter Vienne que l'Elbe n'est taillé pour égaler le Danube. Les échecs de l'Autriche ont été causés par l'incapacité de ses hommes d'État et de sa politique; avec de meilleurs choix elle reprendra aisément son ascendant sur la Prusse, ou au moins l'égalité d'influence sur l'Allemagne.

10. — En résumé, Berlin et Vienne ont chacune leur versant; n'essayez pas de renverser ce qui a été dressé par l'Éternel; cela serait dangereux, ainsi que vous allez le voir.

I

11. — Une carte d'Europe sous les yeux, commençons par bien préciser la signification de la coalition offensive

de la Prusse avec les petits États de l'Allemagne du Sud,
par rapport à :

L'AUTRICHE.

12. — La Bavière borne la Bohême au sud-ouest,
l'Autriche à l'ouest, le Tyrol au nord, elle est à cheval
sur le Danube; Passau, place forte importante située au
confluent de l'Inn et du Danube, qui la partagent en trois
parties distinctes, n'est qu'à environ dix-huit lieues de
Lintz et cinquante-quatre de Vienne.

13. — Il résulte évidemment de cette position géogra-
phique que, par cette coalition fratricide, la Bavière livre
à la Prusse, dès le début de la campagne, trois des plus
importantes provinces de l'empire d'Autriche. Cinq à six
jours après une déclaration de guerre, deux ou trois
cent mille Prussiens peuvent attaquer Vienne par la rive
droite du Danube, sans être obligés de forcer le passage
de ce grand fleuve et de ses têtes de ponts, comme il
faudrait le faire dans une guerre régulière entre les
deux grandes puissances, si la Bavière était neutre ou
alliée naturelle de la puissance qui se trouve dans le
même bassin.

14. — D'un autre côté, l'occupation du haut Danube
par les Prussiens prive l'Autriche de toute communication avec l'ouest de l'Allemagne, lui enlève les ressources qu'elle devait tirer, pour les approvisionnements
de ses armées, de ce grand fleuve et de ses innombrables
affluents; la Prusse seule jouira de ces nombreux avantages doublés par les ressources du bassin de l'Elbe, etc.

15. — Une guerre, dans de telles conditions, serait
nécessairement fatale à l'empire d'Autriche, elle amène-
rait un démembrement momentané de cet empire, qui

serait la source de guerres interminables pour mettre la couronne impériale d'Allemagne sur le front du roi de Prusse et pour l'y maintenir.

16. — L'Autriche ne peut donc, à aucun prix, tolérer la coalition offensive de la Prusse avec la Bavière ; elle ne peut souffrir qu'un seul soldat prussien pénètre en Bavière. Si elle ne veut pas être surprise, elle sera forcée d'imiter sa rivale, d'occuper la Bavière, comme les Prussiens ont occupé le Hanovre, la Saxe, etc. Au fait, si l'on accordait au roi de Prusse le droit de détrôner le roi de Hanovre pour arrondir son royaume, il n'y aurait pas de raisons pour refuser à l'Autriche le droit de détrôner le roi de Bavière pour s'annexer les versants bavarois du Danube.

II

L'ITALIE.

17. — L'Autriche n'est pas la seule puissance menacée par la coalition de la Prusse avec la Bavière; si le Tyrol était enlevé à l'Autriche par ces deux puissances, la Prusse deviendrait voisine de l'Italie, puisque le Tyrol est borné au sud par le royaume Lombardo-Vénitien et à l'est par la Suisse. Voilà donc deux nouveaux États menacés du dangereux voisinage de la Prusse, par l'intermédiaire de la Bavière qui, d'ailleurs, est déjà contiguë au royaume Lombardo-Vénitien.

18. — Que l'on se rappelle l'attitude de la Prusse et de la Bavière en 1859, attitude tellement hostile qu'elle détermina l'empereur Napoléon III à modifier son plan de campagne et à renoncer à la conquête de la Vénétie au profit de l'Italie, et l'on reconnaîtra aisément que si l'Italie laissait écraser l'Autriche par

ses deux voisins, elle aurait bientôt lieu de s'en repentir. L'amour du quadrilatère Lombardo-Vénitien ne tarderait pas à renaître dans les inflammables cœurs des Allemands dirigés par la Prusse, *dont la tactique consiste à faire demander ce qu'elle veut comme étant le vœu de ceux qu'elle a matés, terrifiés et absorbés, qui croient niaisement se relever de leur abaissement en se posant en matamores derrière les baïonnettes de leurs oppresseurs auxquels ils n'ont pas su résister; qu'ils anathématisaient la veille et dont ils se font les valets le lendemain.*

19. — A moins d'imbécillité de la part de ses hommes d'État, qui sont généralement considérés comme loin de mériter cette épithète, l'Italie reconstituée et complétée, deviendra donc l'alliée de l'Autriche contre la Prusse et la Bavière. Par suite de son dernier acte d'une sage politique, l'Autriche n'aura plus besoin de tenir cent cinquante mille hommes en Vénétie, et deux à trois cent mille Italiens la soutiendront au besoin pour réprimer l'ambition prussienne, qui lui a laissé payer assez cher ce qu'elle a contribué un peu tard à lui faire acquérir, tandis qu'elle se faisait payer par ceux qu'elle prenait.

III

LA SUISSE.

20. — La Suisse étant neutralisée, nous n'aurions pas à nous en occuper si les neutralités étaient toujours respectées par toutes les parties ; mais cette neutralité, ayant déjà été violée, pourrait bien l'être encore. Il y a donc lieu d'aviser, surtout si l'on se rappelle les souvenirs du Sunderbond et les difficultés relatives à la principauté de Neuchâtel.

IV

LA FRANCE.

21. — La Bavière n'est pas seulement une puissance danubienne, elle est aussi une puissance rhénane; la coalition de la Prusse avec la Bavière, le Wurtemberg, le duché de Bade, la Hesse, met donc les frontières du nord et de l'est de la France en contact avec la Prusse, qui n'avait qu'une petite trouée sur cette frontière. Or, il n'est pas indifférent d'avoir à garder, contre la Prusse, quelques lieues de terrain près de Sarrelouis, dans le voisinage desquelles sont les places de Thionville, de Metz, etc., ou d'être obligé de défendre tout le développement de frontières, depuis Bâle jusqu'à Cologne. Il n'est pas indifférent d'avoir pour voisins plusieurs États dont la somme des populations est de cinq à six millions d'habitants, ou d'en avoir une compacte qui peut disposer de quarante millions d'âmes et de cinq à six cent mille soldats.

22. — La France ne peut donc tolérer la coalition de la Prusse avec l'ancienne confédération du Rhin.

23. — La Prusse a cru faire un coup de maître en formant la coalition offensive avec les petites puissances rhénanes et danubiennes ; elle a, au contraire, commis une énorme bévue politique. Elle a dévoilé ses projets ambitieux. Elle a clairement démontré qu'elle voulait démembrer l'empire d'Autriche, pour faire entrer sa population allemande dans l'unité d'un empire d'Allemagne imaginaire impossible à réaliser, parce que la nature du sol et les intérêts les plus sacrés de l'Europe s'y opposent. Elle n'a pas compris que la reconstitution du royaume d'Italie avait fait disparaître toutes les causes d'antagonisme qui existaient entre l'Autriche et la France,

antagonisme qui a donné lieu à tant de guerres sanglantes qui ne se reproduiront plus. La France est intéressée à ce que l'Autriche reste une grande puissance.
L'Autriche sait maintenant que son véritable ennemi est
la Prusse, qui s'est constamment agrandie à ses dépens.

24. — Bref, la coalition prusso-bavaroise doit, infail-
liblement, produire la triple alliance de l'Autriche, de la
France et de l'Italie.

25. — Pour que cette triple alliance puisse s'effectuer,
pour qu'elle soit indissoluble, pour qu'elle porte tous ses
fruits, il faut que les trois parties y trouvent la satisfaction de leurs légitimes aspirations. La Bavière est admi-
rablement située pour fournir ces moyens de satisfaction.
Sa défection envers l'Autriche, sa coalition fratricide avec
la Prusse, méritent un juste châtiment. La couronne du
roi de Bavière payera les frais de la première guerre que
cette coalition rend inévitable.

V

LA RUSSIE.

26. — Après l'Autriche, la puissance la plus intéressée
à réprimer les velléités d'agrandissement de la Prusse
est évidemment la Russie. Depuis le dernier partage de
la Pologne, la Prusse et la Russie sont tellement enche-
vêtrées, qu'un conflit deviendra inévitable entre ces
deux nations aussitôt que la Prusse se croira en mesure
de soutenir la lutte. Ce moment ne tarderait pas à arriver
si la Russie laissait la Prusse absorber tous les petits
États de l'Allemagne.

27. — Les causes de rivalité de ces deux États sont
tellement nombreuses qu'il serait fastidieux de les énumérer toutes. Qui ne voit, en effet, qu'à mesure que

l'influence prussienne augmente, l'influence russe en Europe diminue ?

28. — Depuis un an, ce n'est plus le colosse russe qui épouvante, c'est le colosse prussien placé près du centre, qui tend sans cesse à grandir sa circonférence aux dépens de ses voisins, qui, à un moment donné, ne ménagera pas plus la Pologne russe que les duchés danois, le Hanovre, la Saxe, Francfort, etc., etc.

29. — Il suffit de suivre le mouvement progressif de la Prusse pour reconnaître que son premier objectif sera désormais le grand-duché de Varsovie, surtout sa capitale. Le second, si ce n'est le premier, d'acquérir la suprématie dans la Baltique.

30. — D'abord elle s'est contentée d'une simple langue de terre pour avoir les embouchures du Niemen et de la Vistule, à Memel et à Dantzick ; mais bientôt, sous le nom de Nouvelle-Prusse orientale, elle s'est annexé tout le cours du Niemen et celui de la Vistule jusqu'au delà de l'embouchure du Bug, en sorte que la ville de Varsovie se trouve enveloppée, au nord, à l'ouest et au sud par les provinces prussiennes et n'a de communication avec la Russie que du côté de l'est. Il faut bien le reconnaître, ou le cours de la Vistule entraînera Varsovie dans le royaume de Prusse, ou la haute Vistule débordera sur la nouvelle Prusse orientale et lui enlèvera ces deux fleuves dont la Pologne russe ne peut se passer.

31. — La prise des deux duchés du Danemark rend la Prusse maîtresse du grand et du petit Belt, elle n'a plus qu'un pas à faire pour devenir maîtresse du passage du Sund ; que pèsera le Danemark contre une puissance qui possède toutes les côtes depuis Polangen jusqu'à Ems?

32. — Il n'est pas difficile de prévoir que le possesseur

du bassin du Niemen sera naturellement tenté de s'é-
tendre vers le bassin de la Duina, le golfe de Riga est si
tentant et le terrain qui sépare les deux bassins si facile
à franchir !

33. — A quoi bon détailler les tentations du futur
empereur d'Allemagne? Le titre de roi de Pologne se
marierait si bien avec celui d'empereur allemand, que
la Pologne entière se lèvera comme un seul homme au
premier appel, pour reconquérir son nom de nation
polonaise. La Prusse gagnera d'un seul coup de filet les
vingt millions de Polonais de la Russie et de l'Autriche
et disposera de soixante millions d'habitants ! La Russie
en aura quinze millions de moins !

34. — Sont-ce là des rêveries gratuites? Non certes.
A-t-on oublié ce qui s'est passé en 1848 à l'occasion du
grand-duché de Posen? Les conspirateurs polonais de
1846 renfermés dans les prisons de Berlin, mis en
liberté, portés en triomphe dans les rues de cette ville ;
les habitants appelant l'Allemagne à la délivrance de la
Pologne sous la conduite de la Prusse! A cette époque,
les Berlinois ne comptaient pas encore Sadowa dans les
annales de la Prusse! Ce n'est point la France qui est
dangereuse pour la Russie, relativement à la Pologne ;
on l'a dit avec raison, *la France est trop loin*, et en fît-
elle la conquête momentanée, elle ne pourrait en tirer
parti ; mais la Prusse est sur les lieux, peut tout prendre
et tout annexer.

VI

L'ANGLETERRE.

35. — Aucune puissance n'a porté à l'influence anglaise des coups aussi sensibles, je dirais presque aussi
mortels, que la Prusse, dont tous les actes, depuis le
commencement de la querelle faite par les Allemands

au Danemark, ont été des affronts sanglants pour l'Angleterre.

36. — Par traité signé à Londres, auquel la Prusse a apposé sa signature, les grandes puissances avaient reconnu et garanti au Danemark la possession de deux duchés ; ce traité avait donc placé cette possession au nombre des questions européennes qui intéressent toutes les puissances. La Prusse viole le traité, s'empare violemment de la propriété de son voisin ; le gouvernement anglais réclame en invoquant le traité de Londres : la Prusse répond avec autant d'insolence que d'absurdité : *Cela ne vous regarde pas !* L'Angleterre se le tient pour dit, et le canon anglais n'a pas tonné !

37. — Cet acte de faiblesse du gouvernement anglais a reçu promptement une punition sévère par la prise de possession du royaume de Hanovre, qui jusqu'alors était considéré comme une espèce de colonie anglaise où l'Angleterre recrutait ses meilleurs soldats.

38. — Le gouvernement anglais a dévoré ce nouvel affront comme les premiers, les flottes anglaises n'ont pas bougé ; cependant l'occupation du Hanovre met la Prusse en contact avec la Hollande, Amsterdam est à la même latitude que Berlin et Varsovie. Ces villes font partie du même bassin. La Prusse convoite depuis longtemps les ports, les flottes et les colonies de la Hollande ; lui serait-il bien difficile de la faire entrer dans la confédération allemande, sinon en totalité, au moins en partie, si la France la laissait faire ? et si après s'être bien battues, l'Allemagne prussifiée ou la Prusse allemanisée et la France finissaient par s'entendre !

39. — Hommes d'État anglais, commencez-vous à comprendre que vos prédécesseurs vous ont laissé de grandes fautes à réparer ?

Résumé.

40. — Par la violation du traité de Londres relatif aux duchés du Danemark, par les circonstances aggravantes qui l'ont précédée, accompagnée et suivie, la Prusse a trouvé l'étrange secret de léser profondément les intérêts et l'amour-propre de toutes les grandes puissances de l'Europe, en les faisant descendre momentanément de toute la hauteur dont elle s'élevait provisoirement, de sa propre autorité, sans égard pour le précepte : *Ne fais pas à autrui ce que tu ne voudrais pas qu'on te fît.*

Conclusion.

41. — Pour mettre fin à la confusion et à l'anxiété engendrées par l'insatiable avidité, les provocations et les intrigantes manœuvres de la Prusse depuis plusieurs années, que doivent faire les grandes puissances de l'Europe ?

42. — Les grandes puissances de l'Europe n'ont pas à choisir, leur dignité ne leur permet pas de prendre d'autre décision que celle-ci :

43. — Tous les faits, actes, traités, transactions, etc., accomplis par la Prusse, par suite de la violation du traité de Londres relatif aux duchés du Danemark, traité auquel la Prusse a volontairement apposé sa signature, sont déclarés nuls, non avenus, et seront révisés, ainsi que les traités antérieurs, pour les mettre en harmonie avec les intérêts et la dignité des divers États de l'Europe et leur procurer tous les avantages que peuvent offrir les divers bassins dans lesquels ils sont situés.

44. — Cet acte énergique des grandes puissances produira des résultats aussi sûrs que bienfaisants ; la Prusse, malgré son arrogance, est trop habile pour

s'exposer à une exécution militaire européenne, qui serait aussi facile pour les puissances que désastreuse pour elle ; tandis que, par son adhésion à cette décision, elle obtiendra dans un congrès tout ce qu'il y a de légitime dans ses aspirations, ainsi qu'on va le voir dans le supplément ci-joint.

45. — Si, par faiblesse, par rivalités politiques inintelligentes, par considérations matrimoniales puériles, etc., les puissances européennes hésitent à prendre cette détermination, si elles se laissent séduire par l'affreuse doctrine de l'acceptation des faits accomplis, qui est un encouragement à commettre tous les crimes productifs, l'Europe retombe dans le chaos ; elle devient la proie de la force brutale ; des guerres sanglantes, partielles ou générales, dont il est impossible de prévoir les consé-quences, se reproduiront sans cesse. Toutes les nations obligées d'entretenir d'innombrables armées hors de proportion avec leurs revenus seront ruinées par la paix comme par les guerres d'invasion, auxquelles la science de l'ingénieur pourra seule mettre un frein. Il est donc d'une haute importance de perfectionner cette science, de l'élever à la hauteur des découvertes qui ont rendu les moyens de transport si rapides, qui sont bien plus favorables à la défense qu'à l'attaque et dont on n'a pas su faire l'application jusqu'à ce jour.

46. — Les nouveaux principes de fortification que nous avons développés, il y a plus de quarante ans, sont éminemment propres à donner des places que l'on peut considérer comme *imprenables*, dans le sens raisonnable de ce mot. Il ne reste plus qu'à savoir les grouper et les répartir sur le sol des États pour forcer les conquérants à passer par les lenteurs de la guerre de siége. C'est ce qu'on trouvera dans l'ouvrage auquel cet écrit sert de préface.

(Voir le Supplément.)

SUPPLÉMENT

AU

COUP D'ŒIL D'INGÉNIEUR MILITAIRE

SUR

L'ÉTAT ACTUEL DE L'EUROPE.

———

47. — La Prusse est de toutes les grandes puissances européennes celle dont le système défensif est le plus vicieux. Ce royaume est un squelette décharné d'une longueur démesurée, sans épaisseur, composé de pièces et de morceaux assemblés au hasard, sans raison d'être et sans cohésion. Ainsi que nous l'avons déjà dit, sa tête gêne et menace les provinces polonaises de la Russie ; ses pieds foulent le territoire du bassin français, sans qu'on puisse assigner une raison avouable de cette profanation, qui réclame depuis plus de cinquante ans une expulsion sévère, dont le corps disloqué ne peut se soutenir sans être appuyé sur la Saxe, le Hanovre et les petits États de l'Allemagne, dont il saisit toutes les occasions de s'emparer.

48. — Un État ainsi constitué ne peut avoir qu'une force factice que le moindre revers met en évidence. Aussi avons-nous vu le royaume de Prusse effacé en quelques jours du nombre des grandes puissances, à la suite de la bataille d'Iéna livrée le 14 octobre 1806 à l'armée fran-

2

çaise. Dès le 28 du même mois, l'empereur Napoléon, entré à Berlin le 27, pouvait dire à son armée :

« Voici le résultat de vos travaux :

» Une des premières puissances de l'Europe, qui osa naguère nous » proposer une honteuse capitulation, *est anéantie*. Les forêts, les » défilés de la Franconie, la Saale, l'Elbe, que nos pères n'eussent » pas traversés en sept ans, nous les avons traversés en sept jours! » et livré dans l'intervalle quatre combats et une grande bataille. » Nous avons précédé à Postdam et à Berlin la renommée de nos » victoires. Nous avons fait 60 000 prisonniers, pris soixante-cinq » drapeaux, parmi lesquels ceux des gardes du roi de Prusse, six » cents pièces de canon, trois forteresses, plus de vingt généraux : » cependant, plus de la moitié de vous regrettent de n'avoir pas tiré » un coup de fusil. »

49. — La Prusse fut réellement anéantie par la bataille d'Iéna, et l'empereur de Russie, ayant déclaré la guerre à la France le 28 novembre 1806, l'empereur Napoléon, après l'entrée de son armée à Varsovie, dans sa proclamation de Posen du 2 décembre, mit de nouveau cette vérité en relief en ces termes :

« L'allié sur la tactique duquel ils fondaient leur principale espé- » rance, *n'est déjà plus*. Ses places, ses capitales, ses magasins, ses » arsenaux, deux cent quatre-vingts drapeaux, sept cents pièces de » bataille, cinq grandes places de guerre sont en notre pouvoir; » l'Oder, la Warta, les déserts de la Pologne, les mauvais temps de » la saison, n'ont pu vous arrêter un moment! »

50. — Ainsi, en rentrant dans la lice, la Russie ne put compter que sur environ vingt mille Prussiens, qui ajoutèrent peu de force à l'armée d'environ deux cent mille Russes qui venait se mesurer de nouveau avec les soldats d'Austerlitz.

51. — Le duel gigantesque entre la France et la Russie commença en effet sur le territoire prussien dans des conditions à peu près égales ; il fut terrible, acharné, sanglant, et ne fut point arrêté par la rigueur de l'hiver ; les Russes, habitués à supporter ces rigueurs, essayèrent de surprendre les Français et de les chasser de leurs cantonnements ; l'effroyable bataille d'Eylau eut lieu ; des prodiges de courage eurent lieu des deux côtés, et, après une horrible hécatombe humaine, les Russes, repoussés sur tous les points par l'intrépidité française, furent obligés de renoncer à leur entreprise ; mais leur échec fut glorieux, ils purent rentrer dans leurs cantonnements sans être inquiétés.

52. — Bientôt après, lorsque la température permit à l'armée française de rentrer en campagne avec les ressources que Napoléon avait réunies et les habiles dispositions qu'il avait faites, les choses changèrent promptement de face, et, s'il y avait eu à peu près égalité dans les pertes à Eylau, sans résultat décisif, il n'en fut pas de même à Friedland, où l'une des plus brillantes victoires obtenues par les plus belles combinaisons de Napoléon et le courage de son invincible armée le rendit entièrement maître de la situation, mit fin à la guerre par le traité de Tilsitt, où les deux empereurs de France et de Russie disposèrent du sort de l'Europe continentale et surtout de la Prusse, sans son concours et sans consulter son roi !

53. — L'empereur Napoléon ayant proclamé que la bataille d'Iéna avait anéanti la Prusse, il en donna la preuve en faisant insérer dans le traité de Tilsitt qu'il rendait au roi de Prusse une partie de ses États *en considération de l'empereur Alexandre.*

Napoléon rendit, en effet, au roi de Prusse, environ la

moitié de ses États, et disposa du reste en faveur des princes allemands, ses alliés.

54. — Ainsi, l'empereur Napoléon et l'empereur Alexandre, en s'alliant, ont pu dire au roi de Prusse :

— *Nous traitons de vous, chez vous, et sans vous !*

Le roi de Prusse a dû courber la tête !

55. — Voilà la leçon de l'histoire ; elle prouve que la France et la Russie sont deux grandes puissances invulnérables, qui ne peuvent être affaiblies qu'en agissant l'une contre l'autre, au profit de leurs ennemis, que leur union les rend les arbitres de l'Europe, que la Prusse est une puissance factice agrandie par des hasards heureux, *qu'un seul revers peut anéantir !*

56. — La conclusion de ce qui précède est que l'on doit écrire en lettres d'or dans les salles des délibérations des ministres des deux empires :

Jamais, à l'avenir, il n'y aura guerre entre la France et la Russie (1) !

Partons donc de ce principe et voyons quelles en seront les conséquences.

57. — Quel serait le résultat d'une guerre dans laquelle la France et la Russie s'uniraient contre la Prusse ? Ce serait évidemment l'anéantissement de la puissance prussienne, ce serait la Prusse ramenée au traité de Tilsitt sans la protection de la Russie. Ce serait le roi de Prusse détrôné, ramené à l'état d'électeur de Brandebourg. Ce

(1) Nous indiquerons les manœuvres à l'aide desquelles les ennemis des deux empires parviennent à les lancer l'un contre l'autre, et les moyens simples de neutraliser ces manœuvres ; mais cela sort du cadre de notre *Coup d'œil d'ingénieur militaire*, et sera traité à part.

serait la perte des acquisitions, des conquêtes de quatre siècles, faites par le courage, par l'intrigue, par la perfidie !

58. — Faudra-t-il en venir à une guerre de cette nature? Oui, si la Prusse veut continuer à narguer, à dominer, à écraser l'Europe sous le poids de ses armements ! Non, si la Prusse, appréciant bien sa situation, rentre franchement dans le concert européen, reste dans les bassins de l'Allemagne du Nord, et ne cherche pas à faire émigrer les *provinces danubiennes* dans les bassins de l'*Elbe* et de l'*Oder*.

59. — Alors, tout peut s'arranger à la satisfaction de tout le monde; l'Europe pourra faire de la Prusse un État puissant et durable, qui n'inquiétera personne et contribuera puissamment au bien général.

Mettons cette vérité en évidence en indiquant clairement comment la nature a marqué la division des sociétés ou groupes de populations.

SOLUTION DE TOUTES LES DIFFICULTÉS TERRITORIALES DE L'EUROPE.

I

PREMIÈRE COMBINAISON FÉCONDE. LES BASSINS DE LA VISTULE ET DU NIÉMEN.

60. — L'embouchure de la Vistule appartient à la Prusse, la partie centrale du bassin de la Vistule appartient à la Russie, le bassin de la haute Vistule appartient à l'Autriche; par suite de cette répartition, la Prusse peut empêcher les produits des bassins russes et autrichiens d'arriver à la mer. La Russie peut empêcher les arrivages

maritimes dans la partie supérieure du bassin autrichien ; dans tous les cas, il y a l'entrave des douanes qui gêne considérablement la navigation du fleuve, et les frontières des trois nations sont en contact sur une très-grande étendue, ce qui peut donner lieu à des influences fâcheuses, et amener des malentendus et des querelles sanglantes.

L'état actuel des choses est donc un sujet certain de guerres dans l'avenir.

61. — Eh bien, supposons que les trois souverains du Nord, réunis en conseil, disent : Par la distribution actuelle du bassin de la Vistule, nous nous gênons, nous nous menaçons et finirons par nous battre ; mettons fin à cet état de choses ; au lieu de l'ancienne Pologne tapageuse qui nous attaquait tour à tour, formons une jolie petite Pologne pacifique, qui nous permettra à chacun de jouir des avantages de la navigation du fleuve, séparera nos frontières, et, par sa neutralité absolue, servira de coussin entre nous, pour éviter les chocs dangereux.

62. — Par ce léger sacrifice, que chacun de nous fera, nous nous trouverons dans une position aussi favorable que si chacun de nous possédait les trois parties, ou le cours entier de la Vistule et du Niémen ; toute cause de rivalité et de guerre pour ces bassins disparaîtra, nous ferons également disparaître toutes les traces d'une grande iniquité, en rendant une patrie à des hommes généreux qui comptent dans leurs annales les souvenirs de la délivrance de Vienne, prête à tomber au pouvoir de la barbarie. Nous mériterons, par cet acte de générosité bien entendue, l'approbation de tous les hommes d'intelligence et de cœur ! Ce joli royaume deviendra un moyen de compensation à des princes *que*

nous pourrions déplacer pour cause d'utilité euro-
péenne.

63. — Si les empereurs de Russie, d'Autriche et le roi de Prusse faisaient ce raisonnement et accomplissaient cet acte intelligent, ils y trouveraient leur récompense dans le sentiment d'une noble action noblement accomplie. Ils en trouveront d'autres que nous allons développer.

II

ORGANISATION TERRITORIALE DE LA PRUSSE ET DE LA CONFÉDÉRATION DU NORD DE L'ALLEMAGNE.

64. — La ville de Berlin, située sur la Sprée, entre l'Oder et l'Elbe, a droit de jouir de tous les avantages que procurent les versants de ces grands cours d'eau ; Berlin, dans lequel s'incarne la Prusse, doit donc se rattacher, soit par annexion, soit par confédération, à tous les États allemands situés dans ces bassins, quelles que soient les divisions bizarres nées des circonstances ou de l'inintelligence humaine.

D'un autre côté, les parties de l'Allemagne du Nord situées entre l'Elbe, le Rhin et le Mein, se trouvent à peu près dans les mêmes circonstances et font partie des annexions ou de la Confédération prussienne. Enfin, la nature et l'art disent que pour assurer le système défensif de la Confédération du Nord, la partie de la Hollande située sur la rive droite du Rhin doit en faire partie, soit par annexion, soit par alliance. Ainsi, la nature a disposé les choses de manière que la Confédération du Nord doit se composer des bassins situés entre l'Oder, le Rhin et le Mein, y compris le nord de la Hollande. La France,

la Russie et l'Autriche peuvent consentir à ce que la
Prusse reste dominante dans cette belle confédération
aux conditions qu'on va voir se développer tout naturellement.

III

ORGANISATION TERRITORIALE DE L'AUTRICHE.

65. — La Prusse n'est pas seule destinée à jouir de
tous les avantages que peuvent procurer les versants qui
se jettent dans la Baltique et dans la mer du Nord ; les
autres grandes puissances doivent profiter des mêmes
avantages, relativement à leurs bassins respectifs.

Il faut donc accorder à l'Autriche, située dans le vaste
bassin du Danube, ou la confédération indissoluble, ou
l'annexion des pays situés sur les deux versants du
Danube qui appartiennent à la Bavière, afin que l'Autriche puisse établir un bon système défensif qui la rende
invulnérable chez elle, sans devenir inquiétante pour ses
voisins. Les populations bavaroises et autrichiennes y
gagneront beaucoup dans leurs relations commerciales ;
le roi de Bavière y perdra son titre actuel ; mais il sera
facile de lui en trouver un équivalent ; ce sera un simple
échange pour cause d'utilité européenne.

Je laisse de côté les détails superflus qui rentreront
naturellement dans les attributions des diplomates des
grandes puissances, et je passe à l'Italie.

IV

ORGANISATION TERRITORIALE DE L'ITALIE.

66. — Pour cause d'utilité italienne et européenne,
Rome doit appartenir à l'Italie, au même titre que le

Hanovre à la Prusse et le versant bavarois du Danube à l'Autriche. Comme souverain contemporel de Rome, la papauté a droit à une indemnité pour la cession volontaire ou forcée de sa propriété. L'Italie a deux magnifiques indemnités à lui offrir.

1° L'île de Sardaigne, contre laquelle il ne peut être élevée aucune objection fondée.

2° La Sicile, dont à la rigueur l'Italie peut se passer pourvu qu'elle soit placée dans des mains inoffensives sous le rapport militaire.

67. — Ne coupez pas la botte italienne ; car vous l'empêcheriez de marcher, vous entraveriez la marche de l'Europe, vous vous mettriez en opposition avec les lois de la nature qui a créé une botte complète et non une botte trouée par Rome et son territoire.

68. — Ce n'est point ici le lieu d'examiner la question romaine sous le rapport religieux ; il suffit de dire que cette combinaison simple assure l'indépendance du Pontife chrétien, tant que les peuples croiront qu'un être mortel, faible, soumis à toutes les infirmités humaines, qui ne comprend ni l'organisation des mondes, ni la sublimité des lois qui les gouvernent, ni l'élasticité des ressorts qui les font mouvoir, peut représenter sur terre l'*être infini*, *éternel*, qui a tout créé, tout conservé, et par qui tout se conservera dans l'avenir.

V

ORGANISATION TERRITORIALE DE LA FRANCE.

69. — La France a trois bassins principaux : 1° l'Océan ; 2° la Méditerranée ; 3° le Rhin. Elle a, comme les autres puissances, le droit de jouir de tous les avantages de sa

position et de surmonter les obstacles qui s'opposent à sa prospérité. Outre ces trois bassins, la France est bornée au sud et à l'est par les Pyrénées et les Alpes. Ainsi, soit par annexion volontaire, soit par alliance avec ses voisins, l'influence de la France doit s'étendre jusqu'à la rive gauche du Rhin, sur laquelle doivent s'établir des dispositions défensives, qui la rendront inattaquable par l'Allemagne du Nord ou du Sud, comme l'Allemagne du Nord ou du Sud peuvent en faire sur la rive droite pour être inattaquables par la France.

70. — Il suit évidemment de là que la partie de la Hollande située sur la rive gauche du Rhin et la Belgique font partie du système défensif de la France, et que les fortifications établies ou à établir dans ces deux pays doivent avoir pour objet de rendre le passage hostile du Rhin impossible aux Allemands, quels que soient les liens qui rattachent ces deux pays à la France, et que, dans aucun cas, la France ne peut tolérer l'occupation d'une partie de son versant du Rhin par les Allemands, Prussiens, Bavarois, conformément à l'absurde division résultant des traités de 1815, qui ont été mis à néant par la Prusse en 1866. Or, avant ces traités, la Prusse ni la Bavière ne possédaient rien sur le versant de la rive gauche du Rhin, la France avait le Rhin pour limites, elle doit donc rentrer de plein droit dans sa propriété.

71. — Si la Prusse avait eu un gouvernement véritablement habile et véritablement loyal, au lieu de chercher à jeter de la poudre aux yeux en disant que tout ce qui parle allemand doit être avec lui et de menacer ainsi l'Autriche, la France et l'Italie, il eût dit au gouvernement français : « Je n'étais possesseur de Sarrelouis

qu'en vertu des traités de 1815; j'ai déchiré ces traités; je ne suis plus dans les conditions où j'étais alors; j'ai perdu mes droits sur ce territoire, qui est en dehors de ma sphère d'activité, reprenez-le, et que désormais la rive gauche et la rive droite ne traversent le Rhin que pour se visiter amicalement, franchement, loyalement, sans envie, sans autre rivalité que celle qui conduit à travailler en commun à la prospérité, à la félicité générale. » Si la Prusse eût tenu ce langage, que de conséquences heureuses en fussent résultées! Messieurs les Prussiens, il est encore temps,

72. — On dira sans doute : Si les Prussiens ne veulent pas rendre Sarrelouis et le reste, que faut-il faire?

Il faut le reprendre.

Mais, dira-t-on, êtes-vous en état de le reprendre ; pourrez-vous lutter avantageusement contre les vainqueurs de l'armée autrichienne à Sadowa?

N'y avez-vous pas lutté dans les plaines de la Champagne en les renvoyant chez eux? N'y avez-vous pas lutté à Iéna, où vous avez anéanti la puissance prussienne? N'y avez-vous pas lutté à Friedland, où la Prusse était soutenue par une des plus formidables armées que la Russie ait mises sur pied? Eh bien, sur le champ de bataille, le Français d'aujourd'hui est encore le Français d'Austerlitz, d'Iéna, de Friedland, etc., et ceux qu'on appelle trivialement les *petits crevés* deviendront des *Renauds*, quand on les tirera des bras de leurs Armides pour les jeter dans ceux de Mars.

73. — Ne faisons point de phrases, ne jetons point d'assertions hasardées, raisonnons :

On nous dira : Les étrangers sont venus deux fois à Paris, ne peuvent-ils pas y revenir?

Je réponds hardiment : Non, ils n'y reviendront jamais en ennemis.

En effet, pour que l'invasion de la France fût possible en 1814, il a fallu toute l'Europe coalisée contre elle, après vingt-cinq ans de guerres sanglantes, après la désastreuse campagne de 1812, où le climat rigoureux de la Russie a enseveli notre plus belle armée sous son manteau de neige ; après la funeste bataille de Leipzig, qu'il eût été prudent de ne pas livrer dans des circonstances aussi défavorables. Enfin, à cette époque, la France était tellement épuisée d'hommes et d'argent, qu'elle n'avait plus que des états-majors démontés, incapables de satisfaire aux besoins du service, et qu'elle ne put trouver trente mille conscrits pour renforcer ses armées d'Espagne mutilées par les détachements qu'elles avaient envoyés à l'intérieur pour faciliter la lutte gigantesque de Napoléon contre les innombrables armées de l'Europe coalisée.

74. — Aujourd'hui, il n'en serait pas ainsi ; depuis 1815, cinquante-trois ans se sont écoulés ; pour avoir des nombres ronds, laissons de côté les trois années et bornons-nous à cinquante ans, pendant lesquels il est entré quatre-vingt mille hommes chaque année dans les rangs de l'armée (1). C'est donc plus de quatre millions d'hommes familiarisés avec l'exercice de l'infanterie, les manœuvres de la cavalerie, de l'artillerie, etc. Mettons au plus haut les non-valeurs, les décès, la vieillesse, les maladies, les positions sociales, etc., nous trouverons encore deux à trois millions d'hommes aptes à concourir à la défense du pays, soit dans les places, soit dans les

(1) Je fais abstraction des années où il est entré cent mille conscrits dans les rangs.

positions défensives, qui rendront l'armée active dispo-
nible pour aller chez ceux qui voudraient venir chez
nous, et les volontaires vétérans ne manqueraient pas
pour accompagner l'armée!

75. — Ajoutons, sans commentaires, que Paris, qui
était ouvert alors, est fortifié maintenant, et concluons
que la France, riche et peuplée comme elle l'est aujour-
d'hui, pourrait soutenir, sans fléchir, une nouvelle guerre
de vingt-cinq ans contre toutes les coalitions; mais si
de nouvelles coalitions se forment à l'avenir, ce ne sera
pas contre la France, dont les apirations sont basées sur
le droit, la justice et les lois de la nature, mais contre la
Prusse, dont la turbulente ambition agite depuis tant
d'années l'édifice européen.

VI

QUESTION D'ORIENT.

76. — Les Grecs, les Romains, etc., ergotaient sur les
questions religieuses très-futiles, très-baroques, lorsque
les Musulmans vinrent les tirer de leur léthargie en as-
siégeant et prenant Constantinople, la Grèce, etc. Cette
usurpation faite par les Asiatiques, les Africains, sur l'Eu-
-rope, a pu être tolérée tant que la puissance du glaive a
été de leur côté; mais on a peine à concevoir la conser-
vation de cet empire ottoman dégénéré, qui ne vit qu'en
s'appuyant sur les rivalités européennes et pour le malheur
des peuples soumis à son joug détesté. Il est plus que
temps de mettre fin à cet état de choses. L'Asie un instant
la plus forte a subjugué une partie de l'Europe; l'Europe
devenue la plus forte doit dire aux Ottomans : Rentrez
dans votre patrie et restez toujours chez vous.

Si les Ottomans ne se soumettent pas volontairement à cette injonction, il faut les y forcer ; car ce qui a été acquis par la violence peut être enlevé par la force ; fallût-il en venir à une exécution européenne et à une nouvelle bataille de Navarin, on ne doit pas hésiter. Alors tout deviendra facile. L'Europe aura à sa disposition une grande étendue de pays dont elle pourra disposer pour indemniser les princes et rois dépossédés pour l'organisation territoriale des grands États.

77. — On pourra, par exemple, former un royaume du Bosphore dont la capitale sera Constantinople reconnu port franc, sous la garantie de toutes les puissances européennes.

On pourra faire un roi de Crète, qui nous représentera Idoménée devenu un roi modèle en profitant des conseils et des leçons du Mentor de Fénelon ; on pourra faire un roi de Thessalie, qui nous rappellera le bouillant fils de Thétis et nous fera relire l'*Iliade*. On pourra faire un royaume de Macédoine, qui nous rappellera Alexandre et nous fera relire Quinte-Curce. Joignez à cela le joli petit royaume de Pologne, que nous avons supposé créé par l'Autriche, la Prusse et la Russie, vous verrez que les rois de Hanovre, de Bavière, de Wurtemberg, et même le roi des Belges, auront de quoi se consoler du sacrifice de leur royauté fragile, et tout sera arrangé par la restitution faite par l'Asie à l'Europe ou par la reprise faite par l'Europe sur l'Asie.

VII

ORGANISATION TERRITORIALE DE LA RUSSIE.

78. — Dans ses possessions européennes, la Russie a deux grands bassins principaux : la Baltique à l'occident,

la mer Noire à l'orient. Elle n'a point de limites bien
tranchées qui la séparent de l'Autriche, de la Prusse et de
l'Allemagne au sud ; le *Niémen*, la *Vistule*, le *Pruth*, sont
des barrières insignifiantes qu'elle aurait pu franchir
aisément si elle l'eût entrepris sérieusement. Elle a fait
preuve de modération en ne s'emparant pas des provinces
danubiennes moldo-valaques pour prix des secours qu'elle
donna à l'Autriche contre l'insurrection hongroise. La
Russie est assez riche en possessions territoriales pour ne
pas avoir besoin de les augmenter vers le sud, en inquié-
tant l'Allemagne et l'Autriche ; elle a d'ailleurs un champ
sans limites d'agrandissement vers l'Orient. Nous n'avons
donc aucun appât à lui offrir, si ce n'est la révision du
traité de Paris en 1856, qui est la conséquence naturelle
de la solution de la question d'Orient, telle que nous
l'avons présentée : la création d'un royaume du Bosphore
avec Constantinople, port franc, entre des mains inoffensives, effaçant tout ce qui peut blesser la susceptibilité
nationale russe.

L'organisation territoriale de la Russie peut donc rester
telle qu'elle est aujourd'hui. Néanmoins, si la Russie ou
l'Autriche élevaient des prétentions sur les provinces
danubiennes, la France n'aurait point à s'en inquiéter et,
dans aucun cas, cette question ne doit devenir un sujet
de mésintelligence entre la France et la Russie.

L'Angleterre, l'Espagne, le Portugal, la Suède et la
Suisse paraissent assez désintéressés dans cette question
pour que nous n'ayons pas à nous occuper d'elles ; néanmoins elles apporteront le tribut de leurs lumières au
Congrès européen ; pour nous, il ne nous reste plus qu'à
résumer rapidement ce que nous venons d'exposer.

RÉSUMÉ DU SUPPLÉMENT.

1° Le traité de Tilsitt, en 1807, prouve que, quand la France et la Russie sont d'accord, elles sont les arbitres et les pacificateurs de l'Europe.

Les batailles de Novi et de Zurich, en 1799 ; la bataille d'Austerlitz, en 1805 ; les batailles d'Eylau et de Friedland, en 1807 ; la campagne de Moscou, en 1812 ; les campagnes d'Allemagne, en 1813, et en France, en 1814 ; la campagne de Crimée, en 1855, prouvent que, quand les deux nations sont divisées, elles s'affaiblissent, s'épuisent, se rabaissent alternativement, au profit de leurs ennemis communs, qui s'élèvent dans la proportion de leur abaissement.

La conclusion de cette leçon de l'histoire est que les gouvernements des deux empires doivent prendre pour devise :

A l'avenir, il n'y aura plus de guerre entre la France et la Russie.

2° Une nouvelle organisation territoriale de l'Europe, basée sur les lois de la nature, pour assurer à toutes les puissances les avantages que peuvent procurer les bassins dans lesquels elles sont situées, doit avoir lieu, en indemnisant les princes dépossédés pour cause d'utilité européenne.

3° Pour faciliter cette nouvelle organisation territoriale, il est urgent de régler définitivement la question d'Orient, en affranchissant les provinces européennes, conquises par les Turcs, du joug détesté sous lequel elles gémissent depuis trop longtemps, qui reproduit périodiquement les affreux massacres dont l'île de Candie est en ce moment le théâtre.

Les provinces libérées permettront de créer de petits royaumes pour indemniser les princes dépossédés. Par exemple, un royaume du Bosphore avec Constantinople, port franc, pour capitale, un royaume de Crète, etc.

4° Dans l'intérêt de l'humanité et des trois grandes puissances du Nord elles-mêmes, il est convenable de créer un royaume de Pologne restreint et pacifique, comprenant les bassins de la Vistule et du Niémen, qui séparera les frontières des trois puissances, et procurera à chacune d'elles les mêmes avantages que si elles possédaient le bassin entier de la Vistule. Ce joli royaume servira également à indemniser un prince dépossédé.

Conclusion générale.

Si la Prusse, éclairée sur sa position et ses vrais intérêts, rentre franchement et loyalement dans le concert européen, en renonçant aux absurdes prétentions qu'un succès inattendu avait fait naître dans des cerveaux exaltés ou fêlés, l'Autriche, la France et la Russie peuvent la laisser à la tête de la Confédération du nord de l'Allemagne comprise entre l'Oder, le Rhin et le Mein.

Si, au contraire, la Prusse conserve ses ridicules et odieuses prétentions de faire émigrer les versants du Danube et de la rive gauche du Rhin dans les bassins de l'Elbe, de l'Oder, et provoque ainsi une horrible guerre, l'Autriche, la France et la Russie ne doivent pas hésiter à retrancher cette nation turbulente du nombre des grandes puissances européennes ; ce sera le juste châtiment de quatre siècles d'intrigues, de trahisons, de perfidies, de guerres sanglantes, à l'aide desquelles la Prusse s'est agrandie aux dépens de ses voisins et de ses alliés, auxquels elle a toujours repris ce qu'ils l'avaient aidée à conquérir, en les absorbant eux-mêmes !

La Confédération du nord de l'Allemagne, débarrassée de la suprématie prussienne, deviendra une puissance inoffensive que personne ne sera tenté d'offenser !

(Voyez la *Quintessence de la fortification* et les *Principes fondamentaux de son application à la défense des États.*)

DEUXIÈME SUPPLÉMENT

AU

COUP D'ŒIL D'INGÉNIEUR MILITAIRE

SUR

L'ÉTAT ACTUEL DE L'EUROPE.

> « Tel sera mon héros et tel sera le vôtre,
> » L'aigle d'une maison est un sot dans une autre ! »
>
> (GRESSET, *Comédie du Méchant.*)

79. — En 1415 le comte Frédéric de Zolern acheta de l'empereur Sigismond, pour quatre cent mille florins d'or, la partie de l'électorat de Brandebourg qui n'avait pas été aliénée. Il se trouva ainsi à la tête d'une population d'environ cinq cent mille âmes et d'une armée de six à dix mille soldats, avec lesquels il commença à guerroyer.

80. — En 1740, lorsque Frédéric II, dit le Grand, monta sur le trône, l'électorat de Brandebourg avait été transformé en royaume de Prusse ; il comptait environ trois millions d'habitants et entretenait une armée de soixante-seize mille hommes, dont vingt-cinq mille étrangers, parce qu'une population de trois millions d'âmes ne pouvait suffire au recrutement d'une armée aussi nombreuse.

81. — En 1868, la Prusse a environ vingt-cinq millions d'âmes ; elle dispose de toute l'Allemagne du Nord, elle

enlace une partie de l'Allemagne du Sud ; ses armements exagérés lui permettent de disposer d'une armée de huit cent mille hommes pour inquiéter et attaquer ses voisins.

82. — Par quels moyens, à quel prix des transformations aussi prodigieuses ont-elles été obtenues ?

83. — Elles ont été obtenues par le martyrologe de l'Allemagne, par les bouleversements de l'Europe, par le mépris de la foi jurée, par la violation des traités, par la trahison envers les alliés, par le rapide passage d'un camp dans un autre, pour partager les dépouilles du vaincu ou pour arracher au vainqueur le butin bien ou mal acquis en commun.

84. — Telles sont les importantes vérités que je vais mettre en évidence et dont chacun pourra, comme moi, tirer les conséquences politiques, militaires et diplomatiques.

FRÉDÉRIC II, DIT LE GRAND, JUGÉ PAR SES OEUVRES MORALES ET MATÉRIELLES.

85. — Dans les vingt-trois premières années de son règne, Frédéric II a pris trois fois l'initiative de l'attaque contre l'Autriche. Jetons un coup d'œil rapide sur ces trois guerres.

I

GUERRE DE 1740-1742.

86. — L'empereur Charles VI étant mort au mois d'octobre 1740, à l'âge de cinquante-cinq ans, sans postérité mâle, le roi de Prusse Frédéric II, qui s'était mis en état

de profiter de cette éventualité, *prévue par son père*, envoya un ambassadeur à la reine de Hongrie, Marie-Thérèse, fille aînée, héritière naturelle, et par la pragmatique sanction, de Charles VI, pour lui déclarer que « *si elle* » *voulait lui céder la Silésie, il lui offrait son assis-* » *tance contre tous ses ennemis ouverts ou secrets qui* » *voudraient démembrer la succession de Charles VI* » *et sa voix à la diète de l'élection impériale au grand-* » *duc de Toscane.* » En cas de refus probable, l'ambassadeur prussien devait déclarer la guerre à l'Autriche.

87. — L'armée prussienne fut plus diligente que son ambassadeur : le 23 décembre 1740, deux jours avant l'entrée de l'ambassadeur prussien à Vienne, cette armée envahit la Silésie, sous la conduite du roi.

88. — Cette invasion eut lieu sans obstacles ; mais, pendant l'hiver, les Autrichiens se préparèrent à rentrer dans cette province. La campagne de 1741 commença par la bataille de Molwitz, livrée le 10 avril. Les Prussiens restèrent maîtres du champ de bataille. Ils perdirent 2,500 hommes tués, parmi lesquels se trouvait le cousin du roi ; ils eurent en outre 3,000 blessés. Les Autrichiens perdirent environ 7,000 hommes tués et blessés, et 1,200 prisonniers. Le reste de l'année se passa en mouvements stratégiques plus ou moins bien entendus, en négociations, en intrigues de tous genres pour former ou rompre des alliances. Frédéric II parvint à en contracter une avec la France et la Bavière. Les armées franco-bavaroises envahirent la Bohême, prirent Prague, menacèrent Vienne. Au lieu de les seconder, comme il le devait, Frédéric profita de la frayeur que ces opérations inspirèrent à la Cour de Vienne, pour traiter clandestinement avec elle ; une trêve secrète rendit les

troupes autrichiennes de Silésie disponibles contre l'armée française de Bohême. Cette première défection fut sans résultat ; la négociation échoua, la trêve fut rompue, les hostilités reprises.

89. — La campagne prussienne de 1742 consista en quelques mouvements stratégiques qui donnèrent lieu à la bataille de Czaslau, livrée le 17 mai. Les Autrichiens eurent 5,600 hommes tués ou blessés et 1,200 prisonniers. La perte des Prussiens fut de 3,600 tués ou blessés ; ils restèrent maîtres du champ de bataille, ce qui permettait à l'armée prussienne de faire sa jonction avec l'armée française de Prague, pour agir de concert. Au lieu de faire cette jonction, qui eût conduit à des succès décisifs, Frédéric, trahissant de nouveau ses alliés, envoya l'ordre de signer les préliminaires de paix de Breslau, qui se traitaient secrètement, qui furent ratifiés à Berlin et lui assurèrent la possession de la Silésie avec le consentement forcé de l'Autriche.

90. — Les conséquences de cette seconde défection furent beaucoup plus graves pour l'armée franco-bavaroise que celles de la première, et Frédéric lui-même ne devait pas tarder à reconnaître que cette mauvaise action était une faute énorme au point de vue de ses propres intérêts !

91. — Ainsi, le premier acte du règne de Frédéric, dit le Grand, se résume ainsi :

Spoliation déloyale d'une province sur l'Autriche.

Double trahison envers les alliés qu'il avait entraînés dans cette guerre par des promesses fallacieuses.

II

GUERRE DE 1744-1745.

92. —En 1744, Frédéric II, voyant les forces de l'Autriche occupées en Flandre, sur le Rhin, en Italie, jugea le moment favorable pour arracher à Marie-Thérèse quelques nouveaux lambeaux de son empire. Il forma la *ligue de Francfort*, viola le traité de Berlin, envahit la Bohême par les deux rives de l'Elbe, en violation du territoire saxon, s'empara de Prague et de sa garnison de *douze mille hommes*, après quelques jours de siége (1).

93. — Cet heureux guet-apens fût bientôt suivi de

(1) Frédéric a compris que la postérité lui demanderait compte de sa déloyauté ; il a fait de nombreux plaidoyers pour expliquer et justifier sa conduite ; mais il a pris soin lui-même de réfuter tous ses arguments justificatifs, dans les quelques lignes où il a posé la principale condition de la ligue de Francfort. Voici ce qu'il dit :

« *La Bohême sera démembrée des États de la reine de Hongrie et* » *le roi* (de Prusse) *en possédera les trois cercles les plus voisins de la Silésie !* » (Frédéric II, Histoire de mon temps, t. II, p. 71.)

Voilà qui est clair, la cause de la guerre de 1744 parfaitement indiquée. Frédéric n'ose pas demander toute la Bohême ; il consent à la partager avec la Bavière, à laquelle il lui sera facile de la reprendre en temps opportun.

« Parmi les autres conditions de la ligue, fixées par Frédéric, se trouvent les suivantes :

» *Une armée française attaquera le pays de Hanovre.*

» *La France promettra d'agir offensivement sur le Rhin et de* » *poursuivre vivement les Autrichiens lorsque la diversion que le* » *roi se propose de faire les attirera en Bohême.* »

Enfin, pour que ses alliés ne soient pas tentés d'agir avec lui comme il a agi avec eux, il couronne crûment son œuvre par le point suivant :

« Les puissances alliées ne feront point de paix séparée, mais de-

revers désastreux fort instructifs sur le système de guerre qu'il convient de suivre contre la Prusse, l'armée prussienne fut forcée d'abandonner la Bohême entière sans livrer bataille, et de se retirer en Silésie où les Autrichiens la suivirent.

94. — La triste issue de la campagne de 1744, si fructueusement commencée, força Frédéric à en faire une nouvelle en 1745 ; il fallut livrer trois batailles pour retrouver les avantages perdus par la violation du traité de Berlin.

95. — La première de ces batailles eut lieu le 4 juin, à Friedberg près Schwidnitz, en Silésie. Les Autrichiens, trompés par de faux renseignements, firent de mauvaises dispositions et furent battus. Ils eurent 4,000 hommes tués ou blessés et 7,000 prisonniers. Les Prussiens (selon Frédéric) ne perdirent qu'environ dix-huit cents hommes tués et blessés.

» meureront constamment unies *pour travailler à l'abaissement de* » *la nouvelle maison d'Autriche.* »

Bons Allemands, qui récriminez sans cesse contre les visites faites par les armées françaises dans votre pays, qui les y a appelés ?

Ce sont les Prussiens qui avaient besoin de leur secours pour conserver la propriété de la Silésie. Ce sont les Prussiens, qui sans eux ne pouvaient arracher Prague et la Bohême à l'Autriche ! Ce sont les Prussiens, qui voulaient que les armées françaises s'emparassent du royaume de Hanovre au profit du roi de Prusse. Ce sont les Prussiens, qui voulaient *faire travailler les Français et leurs alliés à l'affaiblissement de la maison d'Autriche, pour mieux préparer l'asservissement de l'Allemagne à la Prusse !*

Nous pourrions ajouter : ce sont les Bavarois qui, sans le secours de la France, ne pouvaient espérer de transformer leur petit électeur en empereur d'Allemagne ! Mais laissons de côté les accessoires restés faibles pour nous occuper du principal, qui, à force d'intrigues, est parvenu à acquérir une force factice que le moindre ouragan renversera.

96. — Les Autrichiens firent leur retraite en bon ordre sur la Bohême, prirent une forte position près de Kœnisgratz, les Prussiens les suivirent, prirent position vis-à-vis d'eux *sans oser les attaquer,* jusqu'à la fin de septembre. Alors Frédéric prit le parti de rentrer en Silésie; les Autrichiens levèrent leur camp et le suivirent à leur tour, ce qui donna lieu, le 30 septembre, à la bataille de Soor. Les Prussiens eurent 3,000 tués ou blessés. Les Autrichiens 6,000 tués ou blessés et 2,000 prisonniers ; ce qui n'empêcha pas les Prussiens de quitter la Bohême et de rentrer en Silésie.

97. — Les opérations stratégiques conduisirent les armées belligérantes en Saxe, où eut lieu la bataille de Kesseldorf, près Dresde. Les Prussiens y perdirent 5,000 tués ou blessés, les Saxons 4,500 tués ou blessés et 5,000 prisonniers. Les Autrichiens ne prirent point part à cette bataille, qui eut lieu avant leur jonction.

98. — Frédéric, qui avait posé pour condition de la ligue de Francfort que les alliés ne feraient point de paix séparée, avait d'abord violé cette condition par la convention de Hanovre faite avec le roi d'Angleterre. Il la viola de nouveau en signant le 25 décembre, avec l'Autriche, le traité séparé de Dresde, par lequel les choses furent remises dans l'état où elles étaient avant la violation du traité de Berlin de 1742.

99. — Le résumé de cette campagne de 1744-1745 est donc : beaucoup de sang versé, beaucoup d'argent dépensé, de grandes calamités pour les populations, tout cela pour rien. La convoitise de Frédéric fut déçue ; il n'eut point les trois cercles de la Bohême voisins de la Silésie, qu'il voulait prendre ; il ruina son peuple pour

plusieurs années, donna de nouvelles preuves de sa déloyauté et du peu de cas qu'il faisait du sang humain. Mais cela n'est rien en comparaison de ce qui nous reste à mettre sous les yeux du lecteur.

III

GUERRE DE SEPT ANS. 1756-1763.

100. — Le désappointement éprouvé par Frédéric dans sa deuxième tentative de spoliation sur l'Autriche, le rendit plus circonspect ; il vécut dix ans en paix avec ses voisins, sans néanmoins renoncer à ses projets de conquêtes. Il profita de ce temps de repos pour porter son armée au nombre de *cent vingt mille hommes ;* exorbitant pour une population de cinq millions d'âmes, compris la Silésie. Alors il se crut tout permis et tout possible ! Le 29 août 1756 il envahit la Saxe, s'empara de Dresde, bloqua l'armée saxonne dans son camp de Pyrna, livra aux Autrichiens, qui venaient au secours des Saxons, la bataille de Lowosits qui resta indécise, et ne put amener la délivrance de l'armée saxonne.

101. — Cet envahissement déloyal de la Saxe était non-seulement une violation des traités de Berlin en 1742, de Dresde en 1745, mais encore du traité d'Aix-La-Chapelle, qui les avait sanctionnés en 1748.

102. — L'Allemagne, indignée de ces violations, déclara Frédéric II *perturbateur de la paix publique et le mit au ban de l'Empire.* La Russie, la Suède, la Pologne, l'Autriche et la France s'unirent, pour rappeler le perturbateur de la paix publique au sentiment des devoirs

de l'honnête homme, au respect des propriétés de ses voisins.

103. — Cette alliance vraiment sainte, vengeresse de la violation des traités, mit, à plusieurs reprises, Frédéric à deux doigts de sa perte. Berlin, sa capitale, fut deux fois occupée par les armées russes et autrichiennes, ses États labourés dans tous les sens, ses finances ruinées, ses armées anéanties, ses villages brûlés, ses populations décimées par les épidémies, la misère et la famine.

104. — Après les sanglantes batailles de Prague, de Kollin, de Zorndorf, de Hohen-Kirsch, de Kunersdorf, de Torgau, etc., où il se montra plus encore le bourreau de ses propres soldats que des soldats étrangers, tout annonçait la fin de son règne et la juste punition de ses criminelles entreprises. Lui-même ne voyait plus de ressource que dans le suicide ou dans la mort sur un champ de bataille, au milieu des débris des armées qu'il avait sacrifiées.

105. — Un événement imprévu, sur lequel nous aurons occasion de revenir, changea tout à coup sa position désespérée. L'impératrice de Russie, Élisabeth Petrowna mourut le 5 janvier 1762, à l'âge de cinquante et un ans. Son jeune successeur renonça à ses alliances européennes, fit une paix séparée avec Frédéric et retira de la Silésie les troupes qui devaient agir de concert avec les troupes autrichiennes. Il alla plus loin, il conclut une alliance offensive et défensive avec le roi de Prusse, en sorte que l'Autriche, au lieu d'avoir les armées russes pour auxiliaires, dut se préparer à combattre en même temps les armées prussiennes et russes. Dans cette circonstance délicate, Marie-Thérèse fut forcée de renoncer à l'espé-

rance de reconquérir la Silésie et de conclure la paix de
Hubersbourg, qui fut signée le 23 février 1763, époque à
laquelle l'armée prussienne, privée de ses meilleurs soldats semés sur les nombreux champs de bataille, ne
comptait plus dans ses rangs que des déserteurs étrangers ou des enfants de quinze à vingt ans, et n'avait plus
d'argent pour les solder.

106. — Cette paix remit les choses sur le pied où elles
étaient avant l'invasion de la Saxe et la violation des
traités antérieurs ; aucune puissance ne perdit un pouce
de terrain, toutes les calamités qui pesèrent sur l'Europe
pendant sept ans eurent encore lieu en pure perte ; et
les vingt-trois dernières années du règne de Frédéric
purent à peine réparer les maux qu'il avait attirés sur
son pays dans les vingt-trois premières !

107. — Sur les trois guerres provoquées par Frédéric II
contre l'Autriche, au mépris de la foi jurée, une seule lui
a donc été profitable, les deux autres ont été désastreuses.

La première lui a procuré la possession de la Silésie,
non à cause des maigres succès de Molwitz et de Czaslau,
mais à cause de Prague occupée et de Vienne menacée
par les armées franco-bavaroises.

Les couleurs du tableau que nous venons de faire
passer rapidement sous les yeux du lecteur sont loin
d'être trop chargées. Voici comment Frédéric lui-même
expose les raisons qu'il avait de faire la paix à des conditions modérées :

« De son côté (du roi de Prusse), bien des motifs concouraient à
» lui faire préférer des conditions de paix *modestes et modérées* à
» d'autres plus avantageuses. Il était d'autant moins à propos de re-
» hausser les conditions, dans l'état où se trouvaient les choses, qu'on

» n'aurait obtenu des dédommagements que par des victoires, et que
» *l'armée se trouvait trop ruinée et trop dégénérée pour qu'on pût*
» *s'en promettre des exploits éclatants.*

» Le nombre des bons généraux avait diminué, et l'on en man-
» quait pour conduire les détachements. Les vieux officiers avaient
» péri dans un grand nombre d'occasions meurtrières où ils avaient
» combattu pour la patrie. Les jeunes officiers étaient d'un âge à ne
» point promettre de grands services. Ces vieux soldats respectables,
» ces chefs de bandes n'existaient plus, et les nouveaux dont l'armée
» était composée consistaient, pour la plus grande partie, *en déser-*
» *teurs, ou en de jeunes gens faibles au-dessous de dix-huit ans,*
» incapables de soutenir les fatigues d'une rude campagne. D'ailleurs
» bien des régiments ruinés à différentes reprises, avaient été, jus-
» qu'à trois fois, rétablis durant la guerre, de sorte que les troupes,
» dans l'état où elles étaient, ne pouvaient s'attirer la confiance de
» ceux qui devaient les commander.

» A quels secours enfin le roi pouvait-il s'attendre en continuant
» la guerre? Il se trouvait entièrement isolé et sans alliés. Les senti-
» ments de l'impératrice de Russie à son égard étaient équivoques.
» Les Anglais agissaient envers lui moins en amis qu'en ennemis dé-
» clarés. Les Turcs, étourdis de tant de révolutions arrivées en
» Russie, incertains du parti qu'ils devaient prendre, déclinaient
» l'alliance défensive qu'on leur proposait depuis si longtemps. Le
» Chan même des Tartares venait d'obliger le résident prussien à
» quitter sa Cour.

» Indépendamment de toutes ces circonstances, il était fort à
» craindre que la prolongation de la guerre n'occasionnât la peste
» en Saxe, en Silésie et dans le Brandebourg, parce que la plupart
» des champs demeurant en friche, les vivres étaient rares et à un prix
» excessif, et les campagnes dépeuplées d'hommes et de bestiaux, de
» sorte qu'on ne voyait dans toutes les provinces que des traces
» affreuses de la guerre, et des précurseurs de plus grandes calamités
» pour l'avenir.

» Dans des conjectures aussi cruelles, on n'avait rien à espérer en
» continuant la guerre. »

(*Histoire de la guerre de sept ans*, t. IV, p. 395-397.)

Voici le résumé des pertes effroyables des différentes
puissances, donné par Frédéric :

« La Prusse comptait que la guerre lui avait consumé 180,000
" hommes. Ses armées avaient combattu en seize batailles rangé es

» Les ennemis lui avaient détruit, outre cela, trois corps d'armée
» presque en entier ; celui du convoi d'Olmutz, celui de Maxen et
» celui de M. de Fouquet à Landshut ; de plus, une garnison de
» Breslau, deux garnisons de Schweidnitz, une de Torgau et une de
» Wittemberg furent perdues par la prise de ces villes. On comptait
» d'ailleurs qu'il était péri 20,000 âmes dans le royaume de Prusse,
» par les ravages des Russes, 6,000 en Poméranie, 4,000 dans la
» Nouvelle-Marche, et 3,000 dans l'électorat de Brandebourg.

» Les troupes russes s'étaient trouvées à quatre grandes batailles ;
» et l'on comptait que cette guerre leur avait emporté 120,000
» hommes, y compris les recrues qui périrent en venant en partie
» des frontières de la Perse et de la Chine, pour rejoindre leurs corps
» en Allemagne.

» Les Autrichiens avaient livré dix batailles rangées ; ils avaient
» perdu deux garnisons à Schweidnitz et une à Breslau, et ils éva-
» luaient leurs pertes à 140,000 hommes.

» Les Français faisaient monter la leur à 200,000 combattants.

» Les Anglais avec leurs alliés à 160,000.

» Les Suédois à 25,000.

» Les troupes des cercles à 28,000.

(Idem, p. 414-415.)

L'ensemble de toutes ces pertes forme l'énorme total
de *huit cent cinquante-trois mille* victimes sacrifiées
sur l'autel de l'ambitieux Frédéric II, roi de Prusse.

Après avoir passé en revue les plaies que la guerre de
sept ans a causées aux finances des divers États de l'Europe, Frédéric termine ainsi :

« Après la Prusse, l'électorat de Saxe était, des provinces de l'Al-
» lemagne, celle qui avait le plus souffert ; mais elle trouve dans la
» bonté de son sol et dans l'industrie de ses habitants des ressources
» que la Prusse, à l'exception de la Silésie, ne trouve point dans le
» reste de ses provinces.

» Le temps qui guérit et qui efface tous les maux rendra, dans peu
» sans doute, aux États prussiens, leur abondance, leur prospérité et
» leur première splendeur !

» Les autres puissances se rétabliront de même. Ensuite d'autres
» ambitieux exciteront de nouvelles guerres et causeront de nouveaux
» désastres ; car c'est le propre de l'esprit humain, que les exemples

» ne corrigent personne ; les sottises des pères sont perdues pour
» leurs enfants. Il faut que chaque génération fasse les siennes.   .

. . . .

  » Veuille le ciel (si la Providence abaisse ses regards sur les mi-
» sères humaines) que le destin inaltérable et florissant de cet État
» mette les souverains qui le gouverneront à l'abri des fléaux et des
» calamités dont la Prusse a souffert dans ces temps de subversion
» et de troubles, pour qu'ils ne soient jamais forcés de recourir aux
» remèdes violents et funestes dont on a été obligé de se servir pour
» soutenir l'État, contre la haine ambitieuse des souverains de l'Eu-
» rope, qui voulaient anéantir la maison de Brandebourg et exterminer
» à jamais tout ce qui porte le nom prussien. »

(Idem, p. 419-421.)

Il a certainement fallu un étrange assemblage de
mensonge et d'audace pour essayer de rejeter sur les
autres souverains de l'Europe la responsabilité des calamités d'une guerre qui a eu pour prologue l'envahissement de la Saxe, l'occupation de Leipsik, de Dresde, le
blocus et la prise de l'armée saxonne dans son camp de
Pyrna par l'armée prussienne.

Ces audacieux mensonges n'ont rien d'étonnant, Frédéric était un des comédiens de la maison de Brandebourg, il a joué le rôle qu'ont joué ses ancêtres et que
continuent ses successeurs.

112. — Nous venons de voir ce qu'il en a coûté à la
nation prussienne pour payer les décorations de ces
sanglantes tragédies. Voyons ce qu'il lui en a coûté, à lui-
même, pour payer les oripaux de fausse gloire dont il
s'est paré, à l'aide de quelques victoires payées beaucoup
trop cher et souvent obtenues par de honteux moyens
et suivies de revers désastreux.

On trouve à ce sujet de curieux renseignements dans
ses correspondances et particulièrement dans ce qui

nous reste de ses lettres au marquis d'Argens; en voici quelques fragments curieux :

> « Si vous me voyiez, vous ne reconnaîtriez plus les traces de ce
> » que je fus autrefois. Vous verriez *un vieillard grisonnant, privé*
> » *de la moitié de ses dents, sans gaîté, sans feu, sans imagination.* »
> (Lettre du 8 mai 1759, à Reich Honnersdorf.)

> « *Depuis quatre ans je fais mon purgatoire; s'il y a une autre*
> » vie, il faudra que le Père éternel me tienne compte de ce que j'ai
> » souffert dans celle-ci. » (1759, à Wilsdruf.)

> « Les neiges sont si abondantes ici, la quantité qu'il en est tombé
> » est si considérable, qu'il n'est presque pas possible de faire agir des
> » troupes vis-à-vis des ennemis. Voilà ma situation : environné de
> » difficultés de tous les côtés, d'embarras et de périls : quand j'ajoute
> » à tout cela les trahisons de la fortune, dont j'ai eu tant de témoi-
> » gnages dans cette campagne, je n'ose me fier à elle dans mes entre-
> » prises ni dans mes forces non plus, il ne me reste donc que le
> » hasard. » (16 décembre 1759, à Freyberg.)

> « Tout ce que je puis faire est de lutter constamment contre l'ad-
> » versité, mais je ne puis ni ramener la fortune, ni diminuer le nom-
> » bre de mes ennemis. Cela étant, ma situation demeure la même;
> » *encore un revers et ce sera le coup de grâce.* En vérité, la vie
> » devient tout à fait insupportable quand il faut la traîner dans les
> » chagrins et dans de mortels ennuis; elle cesse d'être un bienfait
> » du ciel, elle devient un objet d'horreur!... Vous me tueriez plutôt,
> » mon cher marquis, que de me faire changer de sentiment. Vous
> » voyez les objets d'un point de vue qui les adoucit en les affaiblis-
> » sant; mais si vous étiez une heure ici, que ne verriez-vous pas ?
> » Adieu.... Vous n'êtes pas roi, vous n'avez ni à défendre l'État, ni
> » à négocier, ni à trouver des expédients à tout, ni à répondre des
> » événements. Pour moi, *qui succombe* sous ce fardeau, c'est à moi
> » seul d'en souffrir la peine. » (Le 15 janvier 1760.)

> « Mon cher marquis, je vous souhaite tout ce qui me manque pour
> » être heureux, tranquillité, *repos, contentement* et santé. Je n'ai
> » plus rien. Mon tempérament s'use, la fortune, la santé, la gaîté et
> » la jeunesse m'abandonnent, je ne suis plus bon que pour peupler
> » le pays de Proserpine. Si vous avez quelque commission à me don-
> » ner là-bas, vous n'avez qu'à m'en charger. »
> (A Meissen, le 1er juin 1760.)

« Vous saurez sans doute à présent les malheurs qui me sont
» arrivés en Silésie, et vous serez obligé de convenir que je n'ai été
» que trop vrai dans mes prophéties. Veuille le ciel que je ne le sois
» pas jusqu'au bout.... La fin de ma carrière est dure, triste et
» funeste. J'aime la philosophie parce qu'elle modère mes passions et
» *parce qu'elle me donne de l'indifférence pour ma dissolution et
» pour l'anéantissement de ma pensée....* Depuis deux ans je ne fais
» que souffrir et je ne vois pas le terme de mes peines. »

(A Gross Dobritz, 26 juin 1760.)

« Mon cher marquis, nos affaires prennent un tour détestable ;
» j'ai cru les réparer en venant mettre le siége devant Dresde : je
» prendrai la ville et n'avancerai en rien mes affaires par là. Faites
» mon épitaphe d'avance, et croyez que je vois assez clair dans ma
» situation pour ne la pas juger au hasard désespérée.... A présen
» je ne vois devant mes yeux que le gouffre où je suis près de m'abî-
» mer. » (Auprès de Dresde, le 15 juillet 1760.)

« Le siége de Dresde, mon cher marquis, s'en est allé en fumée,
» nous sommes en pleine route pour la Silésie. Nous nous battrons
» indubitablement sur la frontière, ce qui pourra arriver entre le 7 et
» le 10 de ce mois. Glatz est perdu ; on assiége Neisse, il n'y a pas
» de temps à perdre. S'il nous arrive malheur, je prends d'avance
» congé de vous et de toute la compagnie. Le pauvre Foresta a été
» tué, c'est un sacrifice inutile. Enfin, mon cher, *la boutique s'en
» va au diable.* Nous marcherons après-demain. Je prévois toute
» l'horreur de la situation qui m'attend et j'ai pris mon parti avec
» fermeté. » (A Grossenhayn, ce 1ᵉʳ août 1760.)

« J'ai grande envie de prendre pour ma devise :

Maximus in minimis et minimus in maximis.

» Vous ne sauriez vous figurer les horribles fatigues que nous avons.
» Cette campagne-ci surpasse toutes les précédentes ; je ne sais quel -
» quefois à quel saint me vouer. Ma gaieté et ma bonne humeur sont
» ensevelies avec les personnes chères et respectables auxquelles mon
» cœur était attaché. La fin de ma vie est douloureuse et triste. »

(A Reisendorf, le 18 septembre 1760.)

« Ou je me laisserai ensevelir sous les ruines de ma patrie, ou,
» si cette consolation paraissait encore trop douce au destin qui me
» persécute, je saurai mettre fin à mes infortunes lorsqu'il ne sera
» plus possible de les soutenir. » (Suit une longue dissertation sur
» le suicide. ») (Le 28 octobre 1760.)

« Jugez des fatigues et des désagréments que j'essuie ; jugez de
» mes embarras, en vous représentant que je suis réduit à faire sub-
» sister et à payer mon armée par industrie. Avec cela je n'ai pas la
» moindre compagnie, privé de toutes les personnes que j'aimais,
» réduit à moi-même et passant ma vie à partager mes moments
» entre un travail infructueux et entre mille appréhensions ; voilà un
» tableau qui n'est point flatté, mais qui vous peint au vrai les choses
» et ma situation désagréable. Que c'est différent, mon cher marquis,
» d'apercevoir ces objets d'une longue distance et par un verre trom-
» peur qui les embellit, ou de les examiner de près tout nuds, et
» dépouillés du clinquant qui les orne ! Vanité des vanités ! *Vanité
» des batailles !* » (A Vckersdorf, le 16 novembre 1760.)

Terminons ces citations par la suivante, qui pourrait
la rigueur suppléer toutes les autres.

« Je vous écrivis hier de venir ; mais je vous le défends aujourd'hui.
» Daun est à Cotbus, il marche sur Luben et Berlin ; fuyez ces mal-
» heureuses contrées, cette nouvelle m'oblige d'attaquer les Russes
» de nouveau entre-ci et Francfort. Vous pouvez croire que c'est une
» résolution désespérée. C'est l'unique ressource qui me reste pour
» ne point être coupé de Berlin d'un côté ou de l'autre. *Je ferai don-
» ner de l'eau-de-vie à ces troupes découragées,* pour essayer par ce
» moyen de leur inspirer plus de valeur ; mais je ne me promets
» rien du succès. *Ma seule consolation est que je périrai l'épée à la
» main.* Adieu, mon cher, encore une fois ; *fuyez* et attendez l'évé-
» nement, pour pourvoir à votre sûreté en cas de malheur. »

(Cette lettre a été écrite le 12 août 1760, avant la bataille de Kesseldorf ou de Francfort sur l'Oder, où Frédéric fut battu par les
Russes et perdit la moitié de son armée).

Paris. — Imprimerie de E. MARTINET, rue Mignon, 2.

IV

ANALOGIE ENTRE LES INVASIONS PRUSSIENNES DE 1756 ET 1866.

113. — Ces citations n'ont pas besoin de commentaires, nous n'avons pas besoin de signaler les personnes auxquelles s'adressent les avis, les conseils, les leçons qu'elles renferment. Il ne faut pas, en effet, de grands efforts d'intelligence pour saisir l'analogie qui existe entre les invasions prussiennes de 1756 et de 1866 ; celle-ci est évidemment une copie servile de la première, aggravée par les circonstances repoussantes qui ont précédé, accompagné et suivi la violation du traité de Londres, le rapt des duchés danois, le détrônement du roi de Hanovre, le dépouillement de l'Électeur de Hesse, le rançonnement et l'asservissement de la ville libre de Francfort, etc.

114. — Cette analogie indique suffisamment qu'en rétrogradant d'un siècle dans l'histoire, nous n'avons pas été guidé par la triste manie de rabaisser une renommée gonflée outre mesure par les flatteurs de Frédéric *le Grand* qui, se faisant justice à lui-même, a reconnu et prouvé qu'il n'était grand que dans les petites choses, et qu'il était très-petit dans les grandes.

115. — La plus grande preuve de la fausseté de son jugement qu'il ait donnée, la véritable cause de ses malheurs et de ceux de son peuple, a été son alliance avec l'Angleterre contre la France ; si, en 1756, il fût resté fidèle à l'alliance française, il eût obtenu dès cette époque, presque sans coup férir et sans perte, le Hanovre

et d'autres avantages ; la guerre de Sept ans n'eût pas eu lieu, l'armée prussienne de 120 000 hommes, n'en eût pas perdu 180 000.

Donnons-lui acte de sa devise :

Maximus in minimis et minimus in maximis,

et laissons là, pour le moment, les réputations malheureusement trop nombreuses des bâtons flottants politiques, militaires, scientifiques et littéraires ; revenons à notre analogie.

116. — L'invasion de la Saxe en 1756 eut, comme nous l'avons vu, la propriété de nouer une alliance intime entre les trois grandes puissances de l'Europe, pour tempérer les élans belliqueux d'un roitelet de trois millions d'habitants, qui venait d'en dévorer deux millions d'un autre pays, sans pouvoir assouvir ses vastes appétits. Si les mêmes causes produisent les mêmes effets, cette alliance doit, à plus forte raison, se former aujourd'hui, car il n'est plus question d'un roitelet; le pigmée est devenu géant, et pourtant, il sera beaucoup plus facile d'avoir raison complète du géant que du pygmée ; il ne faudra pas pour cela sept ans de guerre !

117. — Nous avons indiqué, dans la conclusion du premier supplément, page 32, la double solution dont la question européenne est susceptible, pour assurer à l'espèce humaine une longue série de jours heureux. La première solution est évidemment la plus désirable, puisqu'elle peut avoir lieu sans effusion de sang, à la satisfaction de toutes les parties. Nous avons considéré les six principaux bassins de l'Europe comme les enfants d'une même famille, et en bon père qui met la justice

avant tout et veut assurer à chacun tous les avantages auxquels il peut justement prétendre, nous avons fait les parts telles qu'elles sont indiquées par la nature elle-même, et en homme qui, arrivé à la fin de sa longue carrière, est complétement impartial et regarde en pitié toutes les convoitises qui conduisent à une tombe de quelques pieds carrés. Si cette solution est adoptée, tout ce que nous allons ajouter deviendra à peu près inutile ; mais si dans son aveuglement, le cabinet prussien la repousse, s'il est écrit que la violation des lois sacrées sur lesquelles repose l'ordre social recevra un châtiment exemplaire, nous devons apporter le tribut de notre longue expérience pour que ce châtiment s'obtienne avec le moins de pertes possible de la part des exécuteurs des décrets de l'Éternel ; pour qu'il s'obtienne d'une manière complète, en évitant les fausses mesures qui ont sauvé Frédéric.

118. — Nous n'avons donné jusqu'à présent qu'une espèce de triangulation de la guerre de Sept ans ; c'est dans ce qu'on peut appeler sa topographie qu'on trouve d'importantes leçons pour l'exécution militaire européenne de la Prusse. Nous laisserons de côté les fastidieuses relations de batailles faites par Frédéric pour vanter ou encourager son armée et rabaisser les armées étrangères ; nous nous bornerons à tirer les conséquences de quelques-uns des principaux résultats.

CAMPAGNE DE 1757.

119. — Nous avons dit que le début de l'invasion en 1756 fut heureux, qu'il eut pour résultat la prise de l'armée saxonne dans le camp de Pyrna, que la bataille

de Lowositz ne put empêcher. La campagne de 1757 commença sous de moins heureux auspices.

Le 6 mai 1757 fut livrée la sanglante bataille de Prague; voici comment Frédéric en apprécie les résultats :

« Cette bataille, qui s'engagea vers les neuf heures du matin, dura,
» y compris la poursuite, jusqu'à huit heures du soir. Ce fut une
» des plus meurtrières de ce siècle. Les ennemis y perdirent
» 24 000 hommes dont 5000 furent faits prisonniers, parmi lesquels
» 30 officiers. On leur prit d'ailleurs 11 étendards et 60 pièces de
» canon.

» La perte des Prussiens monta à 18 000 combattants, sans
» compter le maréchal Schwerin qui, seul, valait au-delà de
» 10 000 hommes ; sa mort flétrissait les lauriers de la victoire,
» achetée par un sang précieux. Ce jour vit tomber les colonnes de
» l'infanterie prussienne. MM. de Fouquet et de Winterfeld furent
» dangereusement blessés. Là perdirent la vie M. de Hautcharmoy,
» MM. de Gotz, le prince Holstein, M. Mannstein d'Anhalt et
» nombre de vaillants officiers et de vieux soldats, qu'une guerre
» sanglante et cruelle ne donna pas le temps de remplacer. »

(Frédéric II, *Guerre de sept ans*, tome III, page 15.)

120. — Cette bataille flétrie, suivant l'énergique expression du roi, par la mutilation ou la mort de 18 000 Prussiens par la mort du maréchal Schwerin et par la chute des colonnes de l'infanterie prussienne, eut des conséquences désastreuses. Plus de 40 000 Autrichiens et le général en chef, prince Charles de Lorraine, s'étant retirés dans Prague, l'armée prussienne se trouva enchaînée devant cette place pour en faire le siége ou le blocus; l'Autriche eut le temps de réunir une armée de secours suffisante sous les ordres d'un général habile, le maréchal Daun. Frédéric attaqua cette armée le 18 juin, fut battu, à Kollin, obligé de lever le blocus de Prague et d'abandonner la Bohême. Voici comment Frédéric apprécie les résultats de cette bataille, après en avoir

donné une description dans laquelle il cherche à prouver que la perte fut causée par l'inexécution des ordres qu'il avait donnés.

« Cette *action* coûta au roi *plus de huit mille* hommes de sa » meilleure infanterie. Il y perdit 16 pièces de canon, qui ne purent, » être transportées, les chevaux ayant été tués. Après que le roi eut » donné ses ordres aux généraux pour la retraite des troupes, il cou- » rut au plus pressé, se rendit à son armée de Prague, où il ne put » arriver que le lendemain au soir et l'on fit les dispositions pour » lever le blocus de la ville, que le funeste événement de Kollin ne » permettait plus de continuer. Sans doute que l'embarras où se » trouvaient les Autrichiens, après une affaire aussi opiniâtre, les » empêcha de poursuivre les Prussiens ; *cependant ils étaient vic-* » *torieux.* Si le maréchal Daun avait eu plus de résolution et d'ac- » tivité, il est certain que son armée aurait pu arriver le 20 devant » Prague, et que les suites de la bataille de Kollin seraient devenues » plus funestes pour les Prussiens que leur défaite même. »

121. — En sa qualité de poëte, Frédéric savait que :

Souvent un beau désordre est un effet de l'art !

Aussi, son histoire de la guerre de Sept ans est-elle un chef-d'œuvre de confusion, destiné à faire perdre le fil et à dissimuler la gravité des événements contraires à sa cause, à enfler ses moindres succès, à faire ressortir son mérite, à rejeter les causes des revers sur ses lieute-nants; à rabaisser ses adversaires, etc. Pour nous, qui n'avons pas les mêmes raisons de chercher à désorienter les lecteurs, nous allons réduire les faits à leur plus sim-ple expression en les mettant à leur place.

CAMPAGNE DE SILÉSIE.

122. — A la suite de la bataille de Kollin et de la levée du blocus de Prague, les Prussiens prirent position pour couvrir la Saxe et la Silésie; leur ligne s'étendait de Lutzen à la Neisse. L'armée autrichienne de Kollin et celle de Prague firent leur jonction sur l'Elbe à Brandeis, d'où elles marchèrent à la conquête de la Silésie en poussant la gauche des Prussiens, à laquelle elle prit la place de Gabel dont la garnison de quatre bataillons resta prisonnière. Les magasins prussiens de Zittau furent incendiés et la gauche de l'armée se replia sur Bautzen, ce qui força le centre où était le roi à un mouvement rétrograde qui la ramena de Lemeritz à Pirna et à Bautzen. Le 16 août, toute l'armée prussienne commandée par le roi, se mit en marche pour livrer une bataille générale à l'armée autrichienne, qui était postée à cheval sur la Neisse, près de Friedlan. Le 18, les deux armées étaient en présence; mais tout se borna à une forte canonnade. En voyant la contenance des Autrichiens et la force de leur position, Frédéric n'osa donner suite à son projet d'attaque. Il laissa la tâche difficile du commandement de son armée de Silésie au prince de Bevern avec le général Winterfeld pour Mentor, prit 18 bataillons et 30 escadrons et rentra en Saxe (1).

123. — Toute l'armée prussienne, réunie sous le

(1) Voici comment Frédéric décrit la position des Autrichiens :

« Le maréchal Daun était encore à l'Eckartsberg; il ne fit faire
» qu'un mouvement à ses troupes pour qu'elles présentassent le front
» aux Prussiens. Ce poste était inattaquable. A la gauche, une monta-
» gne taillée en forme de bastion, hérissée de soixante pièces de douze
» livres flanquait la moitié de son armée; devant le front s'étend
» dans un bas-fond le village de Wittgenau, le long duquel coule un
» ruisseau entre des rochers escarpés. Trois chemins se présentaient
» pour traverser ce village, qui menaient à l'ennemi, et dont le plus
» large pouvait contenir une voiture. La droite du maréchal s'ap-
» puyait à la Neisse. Au delà de cette rivière campait M. de Nadasti, avec
» la réserve de l'armée sur une hauteur, d'où il pouvait avec trente
» pièces de gros calibre balayer tout le front de l'armée impériale. Les

commandement du roi, n'avait pu empêcher les Autrichiens de prendre Gabel, d'incendier les magasins de Zittau, de forcer Frédéric à rétrograder jusqu'à Pirna et Bautzen ; il était donc aisé de prévoir que l'armée de Silésie, privée des 20 bataillons et des 30 escadrons emmenés par le roi, ne serait pas en état d'arrêter l'armée autrichienne ; c'est en effet ce qui arriva. L'extrême gauche des Prussiens commandée par le général Winterfeld fut mise en déroute, son général fut tué. La division de Bautzen à la droite fut également enlevée, la communication entre l'armée de Saxe et celle de Silésie fut coupée, les Prussiens forcés d'abandonner la position de Gortitz et de rétrograder jusqu'au camp près de Breslau.

Le 27 octobre, les Autrichiens ouvrirent la tranchée devant la place de Schweidnitz, la prirent le 11 novembre à la suite d'un assaut général ; la garnison, composée de 10 bataillons d'infanterie et 10 escadrons, fut prisonnière de guerre. Le 22 novembre eut lieu la bataille de Breslau où les Prussiens, complétement battus, perdirent 80 pièces de canon et 8000 hommes; leur général en chef fut fait prisonnier. La place de Breslau, dans laquelle on

» deux armées n'étaient séparées que par le fond de Wittgenau;
» toute la journée se passa à se canonner réciproquement. Le lende-
» main on fit passer la Neisse à Hirschfeld à un corps aux ordres de
» M. de Winterfeld, pour reconnaître s'il n'y aurait pas moyen d'en-
» gager une affaire avec M. de Nadasti, ce qui aurait porté le maré-
» chal Daun à le secourir et aurait donné lieu à un combat général;
» mais la difficulté du terrain s'opposa encore à cette entreprise, et il
» fallut y renoncer. »

Si en 1866, l'empereur d'Autriche avait eu un maréchal Daun pour commander son armée, si son général en chef avait su prendre une position à la Daun, les Prussiens, au lieu de trouver un Sadowa, auraient trouvé un Friedlan en Bohême. A quoi tient le destin des empires les plus puissants !

avait mis 8 bataillons, capitula. Les débris de l'armée prussienne passèrent l'Oder et se retirèrent en désordre sur Glogau. Voici la triste peinture que fait le roi de l'état de cette armée.

« L'armée qui passa l'Oder à Glogau ne put rejoindre les troupes » du roi que le 2 décembre; cette armée était découragée et dans » l'accablement d'une défaite récente. On prit les officiers par le » point d'honneur, on leur rappela le souvenir de leurs anciens » exploits; on tâcha de dissiper les idées tristes dont l'impression » était fraîche. *Le vin fut même une ressource pour ranimer ces* *«esprits abattus.* Le roi parla aux soldats, il leur fit distribuer des » vivres gratis, enfin, on épuisa tous les moyens que l'imagination » pouvait fournir et que le temps permettait pour réveiller dans les » troupes cette confiance sans laquelle l'espérance de la victoire est » vaine. »

124. — Nous voyons, d'après cet exposé, que jusqu'au 1er décembre 1757, les Autrichiens avaient eu une supériorité marquée sur les Prussiens et leur avaient fait éprouver des pertes cruelles dont voici le résumé :

1° Bataille de Prague, 18,000, tués et blessés	18,000
2° Bataille de Kolin, 12,000, tués, blessés ou prisonniers.	12,000
3° Prise de Gabel, incendie des magasins de Zittau, au moins 6,000.	6,000
4° Destruction du corps de Winterfeld et défaite de la division de Bautzen.	10,000
5° Prise de la garnison de Schweidnitz, environ 12,000.	12,000
6° Bataille de Breslau, tués, blessés et prisonniers. 8,000.	8,000
	66,000

Pour mémoire, la garnison de Breslau et les coups de main heureux des partisans autrichiens, et particulièrement du général Landon.

V

DRAMES, PARADES ET TRAHISONS DE GOTHA, DE WEISSENFELS ET DE ROSBACH.

125. — A l'inspection des pertes énormes causées aux Prussiens dans la campagne de 1757 par la seule armée autrichienne, on se demande avec étonnement par quelles manœuvres, par quelles industries, par quels prodiges, le roitelet de quelques millions d'habitants, mis au ban de l'empire germanique, attaqué par une armée russe, par une armée suédoise, et par une armée française, ayant déjà perdu une partie de ses États, a pu échapper à l'effroyable catastrophe qui le menaçait?

C'est là un problème historique d'une importance majeure, sous le double rapport de l'art et de l'histoire militaire, sous le rapport politique et sous le rapport moral, qui a été étrangement défiguré par les écrivains qui ont essayé d'en donner la solution.

Nous allons tâcher de porter le flambeau de la vérité dans les épaisses ténèbres, qui, jusqu'à ce jour, ont enveloppé cette question.

126. — Si nous intitulons cet article *Drame, parade et trahison*, c'est que l'affaire de Rosbach n'a pas été une bataille, mais une trahison; le corps français qui a été victime de cette trahison n'a pas été vaincu; il a été *vendu, livré*, par le général en chef de l'armée des cercles, et en partie assassiné par la cavalerie et quelques bataillons prussiens!

Comment avons-nous fait cette découverte, restée inconnue depuis plus d'un siècle, où avons-nous puisé cette conviction et cette certitude? C'est dans les ouvrages du roi de Prusse lui-même. Ces faits nous ont été dévoilés par les précautions mêmes qu'il a prises pour les dissimuler !

« Toujours, par quelque endroit fourbes se laissent prendre ! »

Faisons d'abord connaissance avec les acteurs que nous allons voir en scène ou derrière le rideau.

127. — Le commandant en chef de l'armée des cercles allemands était le prince saxon Hildbourghausen; son armée se composait de trente-deux bataillons d'infanterie, quarante-deux escadrons de cavalerie, et cinquante-six pièces d'artillerie. Le roi de Prusse était depuis plus d'un an maître de la Saxe, il avait incorporé l'armée saxonne dans l'armée prussienne, il avait recruté son armée en puisant largement dans la population saxonne. Le prince saxon Hildbourghausen se trouvait donc dans la pénible alternative de manquer à ses devoirs de général en chef, en trahissant ses alliés, ou de faire exterminer ses compatriotes de l'armée saxo-prussienne par l'armée des cercles, combinée avec les Autrichiens et les Français.

128. — D'un autre côté, les cercles allemands n'étaient rien moins que dévoués à l'Autriche dont ils redoutaient la suprématie et le despotisme; ils la voyaient avec peine rentrer en possession de la Silésie, et redevenir toute-puissante en Allemagne. Ils considéraient au contraire le roi de Prusse comme un appui qu'ils avaient intérêt à ne pas affaiblir.

129. — Voilà donc déjà deux puissantes raisons de rapprochement entre Frédéric et le général en chef de

l'armée des cercles; ajoutons à cela les moyens de sé-
duction dont disposait le roi, dont il faisait un si fré-
quent usage pour corrompre ministres, généraux et
agents influents des gouvernements étrangers, et nous
nous étonnerons peu de la connivence qui s'établit
entre les deux chefs, ennemis apparents, mais unis par
des intérêts communs. Cette liaison clandestine mit le
prince saxon en état de rendre à Frédéric des services
beaucoup plus importants que s'il eût commandé l'armée
des cercles comme allié des Prussiens et comme ennemi
des Autrichiens et des Français.

130. — Nous avons laissé Frédéric en extase devant
la belle position du maréchal Daun sur la Neisse, forcé
de renoncer à ses projets d'attaque contre les Autrichiens, prendre dix-huit bataillons et trente escadrons
pour se porter à la rencontre de l'armée des cercles à
laquelle on avait joint une division autrichienne, commandée par le général Landon, et un détachement de
l'armée française de Hanovre, commandé par le général prince de Soubise. Les Autrichiens et les Français
étaient donc des auxiliaires, et l'ensemble des troupes
portait le titre d'armée combinée, dont la principale
force, surtout en cavalerie, était celle des cercles.

Après sa jonction avec les troupes prussiennes, qui
couvraient déjà la Saxe, Frédéric se trouva à la tête de
vingt-huit bataillons et de quarante-trois escadrons avec
lesquels il marcha à l'attaque de l'armée combinée, qui
occupait Eisenach. Le 14 septembre, Frédéric entra à
Erfurt sans opposition; le 16, il posta sa cavalerie à
Gotha, mais il ne jugea pas à propos d'attaquer Eisenach
et resta avec son infanterie à Erfurt. Il fit alors deux

délachements ponr couvrir d'autres points menacés et resta à Erfurt avec huit bataillons et vingt-sept escadrons, sa cavalerie placée en observation à Gotha pour, suivre les mouvements de l'armée combinée d'Eisenach, où le prince Hildbourghausen arriva le 20 septembre.

Voilà le compère arrivé, nous allons le voir à l'œuvre.

PARADE ET TRAHISON DE GOTHA LE 13 OCTOBRE 1757; TENTATIVE POUR LIVRER AUX PRUSSIENS L'ÉTAT-MAJOR DU CORPS FRANÇAIS AUXILIAIRE DE L'ARMÉE DES CERCLES.

131. — Nous laissons au roi de Prusse le soin de raconter cette parade. Nos observations viendront ensuite.

« Le prince de Hildbourghausen *voulut signaler son commande-*
» *ment par un coup d'éclat* : *il proposa au prince de Soubise de dé-*
» *loger les Prussiens de Gotha.* Tous deux se mirent en marche,
» avec les grenadiers de leur armée, la cavalerie autrichienne, Lau-
» don et ses pandours, et toutes les troupes légères de l'armée
» française. M. de Seidlitz *fut averti à temps du projet que les enne-*
» *mis formaient contre lui.* Bientôt il les vit paraître. Une colonne
» de cavalerie embrassait Gotha par la droite, en cheminant sur la
» crête des hauteurs qui vont vers la Thuringe ; une autre colonne
» de cavalerie, ayant les housards devant elle, venait à gauche du
» côté de Langensalza. Les pandours, à la tête des grenadiers, for-
» maient la colonne du centre. M. de Seidlitz s'était mis en bataille
» *à une certaine distance de Gotha,* les housards en première ligne,
» les dragons de Heinücle en seconde ; il avait envoyé les dragons
» de Czettritz à un défilé qui était à un demi-mille derrière lui,
» avec ordre de se mettre sur un rang, pour former un front étendu
» qui pût en imposer aux ennemis; *ce qui n'empêchait pas que ce*
» *régiment ne fût très à portée de protéger sa retraite s'il s'était*
» *vu obligé de céder au nombre.* Cette manœuvre habile et rusée
» *fit prendre le change au prince de Hildbourghausen;* il pensa
» que l'armée prussienne, qu'il croyait considérable, était en marche
» pour soutenir M. de Seidlitz, que cette grande ligne de cavalerie
» qu'il découvrait allait incessamment fondre sur lui. M. de Seidlitz
» s'aperçut, par la contenance mal assurée des housards autrichiens,
» que son stratagème faisait impression. *Il les poussa insensible-*

» *ment*, et, de choc en choc, gagnant toujours du terrain, il les
» obligea à repasser ce défilé où ils avaient, peu de jours aupara-
» vant, tant souffert. La colonne de cavalerie qui faisait la droite
» des ennemis se retira en même temps. M. de Seidlitz alors envoya
» quelques housards et dragons dans Gotha. Ils y entrèrent précisé-
» ment comme le prince de Darmstadt, avec les troupes des cercles,
» commençait à s'en retirer, et y firent nombre de prisonniers.

» La précipitation avec laquelle le prince de Darmstadt abandonna
» Gotha pensa devenir funeste à M. de Soubise ; il était au château,
» et ne s'attendait pas à une aussi prompte évacuation ; il n'eut que
» le temps de se jeter à cheval pour s'enfuir bien vite. 160 soldats
» et 3 officiers de marque furent pris dans cette journée par les
» Prussiens. »

Il ne faut pas qu'on puisse nous accuser d'avoir tron-
qué cette curieuse mise en scène par la suppression du
passage relatif à la glorification du commandant de la
parade prussienne ; il contient d'ailleurs des phrases
très-significatives dont on saisira aisément l'importance.
Voici donc ce passage :

« Tout autre officier que M. de Seidlitz se serait applaudi de se
» tirer de ce mauvais pas sans perte. M. de Seidlitz n'aurait pas été
» satisfait de lui-même s'il ne s'en fût pas tiré avec avantage. Cet
» exemple prouve que la capacité et la résolution d'un général dé-
» cident plus à la guerre que le nombre des troupes. Un homme
» médiocre, qui se serait trouvé dans de pareilles circonstances, *dé-*
» *couragé par l'appareil imposant des ennemis*, se serait retiré à
» leur approche et aurait perdu la moitié de son monde dans une
» affaire d'arrière-garde, *que cette cavalerie supérieure aurait en-*
» *gagée au plus vite*. Le bon emploi de ce régiment de dragons
» étendu et montré de loin à l'ennemi procura à M. de Seidlitz le
» moyen d'acquérir beaucoup de gloire dans une affaire aussi épi-
» neuse. »

132. — Toute cette mise en scène, cette fantasma-
gorie s'évanouit devant ces mots de Frédéric : M. de
Seidlitz *fut prévenu à temps*, qu'il faut compléter ainsi :
fut prévenu à temps que le roi et le prince Hildbourghausen étaient d'accord ; que tout ce qui allait se

passer était une simple comédie, que l'appareil déployé par l'armée des cercles n'aurait aucune suite, que les quarante-deux escadrons de cavalerie allemande seraient envoyés hors de portée sur les hauteurs à leur droite, au lieu de charger les Prussiens, que par conséquent on pouvait sans danger acculer ceux-ci à un défilé, qu'on pouvait les montrer, les mettre en évidence, que pas un coup de canon ne serait tiré sur eux ; que, enfin, il s'agissait tout simplement d'attirer le général en chef du corps français dans un guet-apens où les Prussiens le prendraient sans danger ; que les portes de Gotha resteraient ouvertes pour que quelques cavaliers prussiens pussent y entrer au galop, juste au moment où le prince de Darmstadt ferait retirer la garnison mixte de l'armée combinée, sans en prévenir le général français, tandis que de son côté le prince de Hildbourghausen se retirerait, sans qu'un coup de pistolet fût échangé entre la cavalerie très-supérieure en nombre des cercles et la cavalerie prussienne.

Est-il nécessaire de rien ajouter à ce qui précède ; n'est-il pas clair comme le jour que M. de Soubise a été trahi par M. Hildbourghausen? S'il fallait de nouvelles preuves, nous pourrions les multiplier à l'infini ; mais à quoi bon en ce moment? N'avons-nous pas à nous occuper de l'affaire de Rosbach, qui va jeter une nouvelle lumière sur la perfidie du général saxon? Hâtons-nous donc d'y arriver.

PRÉLIMINAIRES DU DRAME ET TRAHISON DE ROSBACH. — TRAHISON DE WEISSENFELS.

133. — Le 26 octobre, l'armée combinée vint occuper la ligne de la Saale; l'armée des cercles était à la

droite, elle occupait Weissenfels comme tête de pont; le corps auxiliaire français occupait Mersebourg à la gauche. Il est très-important pour tout ce qui va suivre de ne pas perdre de vue que le corps d'armée français n'est qu'auxiliaire et forme la gauche de l'armée combinée, dont la droite et le centre sont formés par l'armée des cercles et la division autrichienne du général Landon, sur laquelle le prince Hildbourghausen exerçait un pouvoir à peu près absolu. Cette observation est d'autant plus importante que nous allons voir constamment Frédéric occupé à dissimuler ce fait et à présenter comme des échecs français tous les échecs volontaires ou forcés éprouvés par l'armée des cercles.

134. — Tous les détachements de l'armée prussienne du roi étant rentrés et rassemblés à Leipsig et à Lutzen dans la nuit du 30 octobre (dit Frédéric, tome III, page 210) :

« Le roi se mit en marche, *pour tomber sur les quartiers enne-*
» *mis dispersés à l'entour de Weissenfels.* Ils se sauvèrent, hors
» celui de Weissenfels. On attaqua les trois portes de la ville, avec
» ordre aux officiers de gagner sans délai le pont de la Saale, *pour*
» *qu'on fût maître de ce passage important.* La ville fut forcée ; on
» y prit 500 hommes ; mais ceux de la garnison qui s'étaient sauvés
» avaient mis le feu au pont couvert qui, étant tout de charpente,
» s'embrasa facilement ; il n'y eut pas moyen d'éteindre l'incendie,
» parce que l'ennemi embusqué derrière les murs à l'autre bord fai-
» sait un si gros feu de mousqueterie, que tous ceux qui s'empres-
» saient à conserver le pont étaient tués ou blessés. Bientôt de nou-
» velles troupes parurent de l'autre côté de la rivière, dont le
» nombre, qui allait toujours en grossissant, convainquit de l'impos-
» sibilité de tenter le passage de la Saale à cet endroit ; mais comme
» ce n'était que la tête de l'armée qui était arrivée à Weissenfels, et
» que la partie la plus considérable des troupes était encore en
» pleine marche, on leur fit prendre la direction de Mersebourg,
» dans l'espérance de pouvoir se servir du pont de cette ville.

» Lorsque le maréchal Keith y arriva, il trouva que les Français
» y étaient établis et que le pont était rompu ; il ne balança pas sur

» le parti qui lui restait à prendre : il prit quelques bataillons et se
» rendit à Halle, dont il délogea les Français, et rétablit le pont
» qu'ils y avaient également détruit.

» L'armée du roi se trouva donc alors avoir sa droite à Halle, son
» centre vis-à-vis de Mersebourg, et sa gauche à Weissenfels, cou-
» verte par la Saale, assurant sa communication derrière cette ri-
» vière par des corps détachés, qui veillaient également sur les dé-
» marches des ennemis. Le maréchal Keith passa le premier cette
» rivière proche de Halle. Sur ce mouvement, *qui ne pouvait être*
» *d'aucune conséquence pour les Français,* M. de Soubise abandonna
» *tous* les bords de la Saale, et se replia sur le village de Saint-Mi-
» chel (Mucheln). Les Prussiens employèrent ce jour et la nuit sui-
» vante à rétablir les ponts de Weissenfels et de Mersebourg. Le 3,
» de grand matin, le roi et le prince Maurice les ayant passés, leurs
» colonnes et celle du maréchal Keith se dirigèrent sur Rosbach, où
» elles avaient ordre de se joindre. »

135. — Voilà le premier acte du drame savamment
exposé par Frédéric, pour nous conduire sur le lieu de
la scène ; voyons, avant de passer outre, si cet exposé
est aussi adroit que son auteur a voulu le faire.

EXAMEN RAISONNÉ DE CET EXPOSÉ.

136. — Ce qui frappe d'abord, dans l'exposé de Frédéric, c'est qu'il n'y est pas plus question du général en
chef de l'armée des cercles, que s'il n'en eût jamais
existé, et cependant, comme nous l'avons déjà dit,
c'était l'armée des cercles qui occupait la droite de
l'armée combinée ; c'était l'armée des cercles qui occupait le point le plus important de la ligne de la Saale ;
c'était l'armée de cercles qui, sous les ordres du prince
Hildbourghausen, occupait Weissenfels, ville fermée par
une enceinte, ayant un fort château pour réduit, et formant une excellente tête de pont qui assurait l'action
de l'armée combinée sur les deux rives de la Saale,
qu'il fallait conserver et défendre à tout prix, qui, con-

venablement défendue, eût entraîné la ruine de la moitié de l'armée prussienne.

Eh bien, cette ville importante a été livrée aux Prussiens avec des circonstances qui rappellent la trahison de Gotha, par le prince Hildbourghausen. Les trois portes restent ouvertes ou ne sont pas défendues; pour que les Prussiens puissent y entrer sans danger, les défenseurs se sauvent; les défenseurs du château le livrent et se livrent eux-mêmes, avec tout le matériel de la ville, et donnent cinq cents hommes tout armés et équipés à l'armée prussienne. Devant qui fuit cette armée des cercles? Devant une simple avant-garde! A qui se livrent les défenseurs du château? A quelques cavaliers qui précèdent l'armée que l'on dirige alors vers Mersebourg. Fort heureusement quelques-uns des fuyards, qui probablement n'étaient pas dans les secrets du prince saxon, brûlèrent le pont; autrement la Saale eût pu être franchie immédiatement et le sort de l'armée combinée compromis.

137. — Pour ce lâche abandon d'un point aussi important, sans combat, Frédéric trouve-t-il quelques paroles de blâme; fait-il au moins connaître quels en sont les auteurs? Nullement; le poëte royal a rédigé sa relation de manière à ce qu'on pût supposer que Weissenfels était défendue par des Français, que les cinq cents prisonniers, ou plutôt les cinq cents déserteurs étaient des Français, que M. de Soubise, dont l'armée était à Mersebourg, commandait l'armée de Hildbourghausen de Weissenfels! S'il ne le dit pas posivivement, il le laisse entrevoir avec l'astuce du poëte qui connaît la puissance des réticences employées à propos.

Voyez maintenant comme il termine sa tirade, quand,

ne pouvant passer la Saale ni à Weissenfels, ni à Mersebourg, il va la passer près de Halle. Sur ce mouvement, *qui, selon lui, ne pouvait être d'aucune conséquence pour les Français*, M. *de Soubise abandonna tous les bords de la Saale.* Ainsi, c'est toujours M. de Soubise que Frédéric met en avant quand il y a un blâme à recevoir ; c'est par lui qu'il fait abandonner *tous* les bords de la Saale ; du prince saxon, son complice, *l'abandonneur de Weissenfels,* pas un mot.

138. — Mais est-il vrai que le passage de la Saale entre Halle et Mersebourg, par les Prussiens, fut sans conséquence pour les Français qui occupaient la dernière de ces villes ? Évidemment non. Depuis que Weissenfels avait été livrée aux Prussiens par le commandant de l'armée des cercles, le corps français pouvait se trouver tourné par ses deux flancs ; l'ennemi étant maître de Weissenfels, il ne pouvait plus se replier vers ce point. Si, au contraire, l'armée des cercles eût conservé sa tête de pont, l'affaire eût été toute différente ; non-seulement le passage de la Saale par les Prussiens près de Halle eût été sans danger pour les Français, mais les Prussiens se seraient bien gardés de l'entreprendre, car ils n'auraient pu le faire sans s'exposer à voir leurs communications coupées avec Leipsig et la Saxe. Tout était donc là ; en livrant Weissenfels à Frédéric, le prince Hildbourghausen l'a rendu maître de la situation sur la Saale et a mis le corps auxiliaire français dans la nécessité de prendre une autre position en se repliant sur une deuxième ligne savamment reconnue et préparée à l'avance, où va se passer le second acte très-court, mais très-important, du drame de Rosbach.

SUCCÈS DES FRANÇAIS A MUCHELN.

139. — Nous laissons la parole à Frédéric, que nous avons vu marchant avec son armée vers Rosbach :

« Le roi se détacha pendant la marche avec quelque cavalerie,
» pour reconnaître la position des ennemis. *Elle était des plus mau-*
» *vaises!* Les housards, par étourderie, poussèrent jusque dans le
» camp, et enlevèrent des chevaux de la cavalerie et des soldats
» qu'ils arrachèrent de leurs tentes ; ces circonstances, jointes au
» peu de précautions des généraux français, déterminèrent le roi à
» marcher le lendemain pour les attaquer.

» L'armée quitta son camp avant la pointe du jour ; toute la cava-
» lerie faisait l'avant-garde. Lorsqu'elle arriva sur les lieux d'où on
» avait la veille reconnu le poste des ennemis, elle ne les y trouva
» plus ; sans doute que M. de Soubise ayant fait réflexion sur la dé-
» fectuosité de son camp, en avait changé dans la nuit même. Il avait
» étendu ses troupes sur une hauteur devant laquelle régnait un
» ravin ; sa droite s'appuyait à un bois qu'il avait fortifié d'un aba-
» tis et de trois redoutes garnies d'artillerie. Sa gauche était envi-
» ronnée par un grand étang qu'on ne pouvait pas tourner.

» L'armée du roi se trouvait trop faible en infanterie pour brus-
» quer un poste aussi formidable ; pour peu que la défense eût été
» opiniâtre, on ne l'aurait emporté qu'en y sacrifiant vingt mille
» hommes. Le roi jugea que cette entreprise surpassait ses forces,
» et il envoya des ordres à l'infanterie de passer un défilé maréca-
» geux qui se trouvait près de là, pour prendre le camp de Brauns-
» dorf. La cavalerie la suivit faisant l'arrière-garde.

» Dès que les Français virent que les troupes prussiennes se re-
» pliaient, ils firent avancer leurs piquets avec de l'artillerie, et
» canonnèrent beaucoup, mais sans effet. Tout ce qu'ils avaient de
» trompettes, leurs tambours et leurs fifres se faisaient entendre,
» comme s'ils avaient gagné une victoire !

» Quelque peu agréable que fût ce spectacle pour des gens qui
» n'avaient jamais craint d'ennemi, il fallut, dans ces circonstances,
» le considérer d'un œil indifférent, et opposer le flegme allemand
» à la pétulance et à la gaieté françaises. »

140. — Frédéric, parti de Leipsig avec toute son armée de Saxe, le 30 octobre, pour attaquer l'armée combinée établie sur la rive gauche de la Saale, se trouve le 4 novembre, sans qu'il y ait eu de bataille livrée, à Rosbach, en présence de l'armée combinée établie dans une position si bien choisie, si formidable, que tous les projets d'attaque du roi de Prusse s'évanouissent et qu'il est réduit à prendre lui-même une forte position en face de cette armée. Tous ses plans se trouvent renversés ; il ne peut plus songer à marcher au secours de son armée de Silésie battue et découragée.

Le choix de la position de Mucheln a donc produit pour l'armée combinée le même résultat qu'une brillante victoire, puisqu'elle est restée maîtresse du champ de bataille où elle attendait l'ennemi et que quelques coups de canon ont suffi pour chasser celui-ci. C'est là une de ces victoires vraiment glorieuses obtenues par l'intelligence des chefs, et non par la brutalité des sacrificateurs d'hommes dont les succès sont arrosés du sang d'une vingtaine de milliers de cadavres semés sur la route des assauts réitérés d'une position qu'on veut enlever à tout prix.

141. — Les chefs de l'armée française, qui avaient reconnu et choisi cette position pour en faire leur seconde ligne de défense, n'étaient donc ni aussi insouciants, ni aussi ignorants, ni aussi bêtes que M. le roi de Prusse se plaît à nous les représenter ; et les soldats français qui sonnaient la trompette et battaient le tambour en reconduisant les Prussiens à coups de canon dans leur camp de Braunsdorf ou de Rosbach, et narguant cette retraite si douloureuse pour le monarque prussien, prouvaient qu'ils avaient une parfaite intelligence de l'importance du résultat obtenu ; et que l'on devait bien se garder de compromettre ce succès, en abandonnant la position avantageuse à laquelle on le devait. Comment donc le succès si important de Mucheln, du 4 novembre,

a-t-il été détruit par l'inepte affaire de Rosbach du 5?
C'est ce que nous allons examiner.

142. — Remarquons d'abord que dans sa reconnaissance du 3, Frédéric n'avait point trouvé l'armée combinée dans sa belle position du 4 qui a forcé les Prussiens à reculer ; le corps d'armée français, venant de
Mersebourg, avait bien pris sa position de Mucheln à la
gauche ; mais l'armée des cercles qui venait de Weissenfels, au lieu de se porter directement à la droite et de
s'appuyer au bois fortifié par des abatis et des redoutes
garnies d'artillerie, avait pris à droite et était venue se
placer entre les Prussiens et les Français, en sorte que
le flanc droit des Français se trouvait découvert, et que
l'armée des cercles prêtait le flanc aux Prussiens dans
ce beau désordre, effet de l'art de M. Hildbourghausen,
qui permettait aux Prussiens d'enlever des chevaux et
d'arracher des hommes des tentes des Allemands. Si
Frédéric eût pu faire le 3 une attaque sérieuse au lieu
d'une simple reconnaissance, l'armée des cercles, fuyant
sans combat, fût venue jeter le désordre dans les rangs
de l'armée française, dont le flanc droit était découvert
par suite de la manœuvre frauduleuse de son perfide
allié.

Voilà la situation que Frédéric espérait trouver le 4 :
il croyait tomber avec toute sa cavalerie sur l'armée des
cercles, sans lui faire d'autre mal que de fournir le pré-
texte d'un effrayant désordre qui paralyserait la défense
du corps d'armée français et le lui livrerait entièrement.
Cette combinaison promettait aux Prussiens un succès
bien autrement éclatant que celui de Rosbach. On peut
juger de son désappointement lorsqu'il trouva l'artillerie
française sur les deux contre-forts avancés de la position,

au lieu des Allemands qui se laissaient si bénévolement enlever hommes et chevaux !

143. — Pour mettre le lecteur en mesure de bien comprendre toute la perfidie de cette combinaison, concevons les points de Mersebourg, de Mucheln, du bois fortifié d'abatis et de redoutes de la droite et Weissenfels réunis par des lignes, on aura un quadrilatère dont Rosbach occupe à peu près le centre. Il est donc clair que l'armée des cercles, en se retirant de Weissenfels sur sa seconde position, devait suivre la ligne de Weissenfels au bois fortifié, c'est-à-dire le côté gauche du quadrilatère en marchant vers le poste qu'elle devait occuper ; au lieu de cela, l'armée des cercles prit la direction de la diagonale de Weissenfels à Mucheln en passant par Rosbach, pour se placer en avant de l'armée française, en sorte que pour gagner définitivement sa position elle parcourut la diagonale et le côté du quadrilatère allant de Mucheln au bois fortifié.

144. — Un mouvement aussi absurde, aux yeux de ceux qui n'étaient pas initiés aux combinaisons des deux conspirateurs, dut exciter un profond étonnement et une vive indignation dans l'âme des généraux du corps auxiliaire français ; il dut donner lieu à des explications irritantes pour forcer M. Hildbourghausen à regagner sa position. En un mot, les généraux français ne purent se dissimuler qu'ils étaient trahis et ils en eurent bientôt de nouvelles preuves.

145. — Dans la nuit du 4 au 5, le prince saxon qui n'avait pas su ou voulu défendre Weissenfels, devint tout à coup un foudre de guerre, et déclara qu'il voulait prendre l'armée prussienne tout entière. Que puisque

cette armée avait été assez sage pour ne pas attaquer
l'armée combinée dans sa formidable position de Mucheln au bois fortifié, l'armée combinée devait être assez
folle pour l'attaquer dans son camp de Rosbach, couvert
par le marais infranchissable de Braunsdorf, et que si
le corps d'armée français ne voulait pas le seconder, il
attaquerait seul et qu'il commencerait son mouvement
offensif la nuit même. Le temps pressait en effet, car
Frédéric avait dû lui écrire à peu près en ces termes :

« Mon cher prince,

146. — » Mes troupes de Silésie ont été battues et dé-
moralisées ; si je ne vole à leur secours avec de nombreux
renforts pour relever leur courage, la Silésie est perdue ;
tout est désespéré. Mon armée, telle qu'elle est maintenant, ne suffirait pas ; il faut que nous puissions la renforcer par une partie de la vôtre et surtout par votre
cavalerie ; il faut donc faire nos dispositions de manière
que je la prenne sans qu'on puisse l'accuser d'être passée
à l'ennemi. Pour cela, il nous faut un simulacre de
bataille dans le genre de celui dont vous trouverez le
projet ci-joint. Tâchez que ce soit pour demain, car le
temps nous presse ; faites en sorte que les Français
soient forcés de prendre part à cette affaire, afin que
nous puissions la présenter comme une victoire signalée
des Prussiens et des Allemands sur les Français. Nous
réparerons ainsi le désappointement que m'a fait éprouver l'abandon forcé de la position que vous aviez prise
avec tant d'adresse le 3, et qui nous promettait de si
heureux résultats. »

147. — Ces préliminaires étant bien compris, nous

mettons la relation de la bataille de Rosbach par le roi
de Prusse sous les yeux du lecteur, qui en saisira aisément toutes les nuances et en tirera de lui-même toutes
les conséquences, sans être obligé de recourir à nos
commentaires.

« On apprit *la nuit même* que l'ennemi faisait un mouvement de
» sa gauche à sa droite. Les housards se mirent en campagne dès
» la pointe du jour ; ils entrèrent dans le camp que les Français
» venaient de quitter, et apprirent des paysans qu'ils avaient pris le
» chemin de Weissenfels, que peu après un corps assez considé-
» rable se forma vis-à-vis de la droite des Prussiens : il avait l'air
» d'une arrière-garde ou d'une troupe qui couvre la marche d'une
» armée. Les Prussiens tenaient peu de compte de ces mouvements,
» parce que leur camp était couvert, tant le front que les deux ailes,
» par un marais impraticable, et qu'il n'y avait que trois chaussées
» étroites par lesquelles on pût venir à eux. On ne pouvait donc
» supposer que trois desseins à l'ennemi : celui de se retirer par
» Freybourg, dans la haute Thuringe, parce que les subsistances lui
» manquaient ; celui de prendre Weissenfels, dont cependant les
» ponts étaient détruits ; ou enfin celui de gagner Mersebourg avant
» le roi, pour lui couper le passage de la Saale. Or l'armée prus-
» sienne en était beaucoup plus près que celle des Français. Cette
» manœuvre était d'autant moins à craindre qu'elle menait à une
» bataille dont on pouvait se promettre un succès heureux, puisqu'on
» n'aurait point de poste à forcer.

» Le roi envoya beaucoup de partis en campagne, et attendit tran-
» quillement dans son camp que les intentions des ennemis se fus-
» sent plus clairement développées, car *un mouvement précipité ou*
» *fait à contre-temps aurait tout gâté.* Des nouvelles tantôt fausses,
» tantôt vraies, que rapportaient les batteurs d'estrade, entretinrent
» cette incertitude jusque vers midi, qu'on aperçut la tête des co-
» lonnes françaises qui, à une certaine distance, tournaient la gauche
» des Prussiens. Les troupes des cercles disparurent aussi insensi-
» blement de leur ancien camp, de sorte que ce corps, qu'on pre-
» nait pour une arrière-garde, et qui était en effet la réserve de
» M. de Saint-Germain, demeura seul vis-à-vis des Prussiens.

» Le roi fut lui-même reconnaître la marche de M. de Soubise,
» et fut convaincu qu'elle était dirigée sur Mersebourg. Les Français
» marchaient très-lentement, parce qu'ils avaient formé différents
» bataillons en colonnes, ce qui les arrêtait chaque fois que les che-
» mins étroits les obligeaient de se rompre. Il était deux heures
» lorsque les Prussiens abattirent leurs tentes ; ils firent un quart de

» version à gauche et se mirent en marche. Le roi côtoya l'armée
» de M. de Soubise ; les troupes étaient couvertes par un marais
» qui vient de Braunsdorf, et qui, s'étendant à un grand quart de
» lieue de là, se perd à 2000 pas de Rosbach. M. de Seidlitz faisait
» l'avant-garde avec toute la cavalerie. Il eut ordre de se glisser par
» les bas-fonds dont cette contrée est remplie pour tourner la cava-
» lerie française et fondre sur les têtes de leurs colonnes avant
» qu'elles eussent le temps de se former. Le roi ne put laisser au
» prince Ferdinand, qui commandait ce jour-là la droite de l'armée,
» que les vieilles gardes de la cavalerie, qu'il mit sur un rang pour
» en faire montre, ce qui se pouvait d'autant mieux qu'une partie du
» marais de Braunsdorf couvrait cette droite. Les deux armées, en
» se côtoyant, s'approchaient toujours davantage. L'armée du roi
» tenait toujours soigneusement une petite élévation qui va droit à
» Rosbach. Celle des Français, qui ne connaissait pas apparemment
» le terrain, marchait par un fond. Le roi fit établir une batterie sur
» cette hauteur, dont les effets devinrent décisifs dans l'action. Les
» Français en établirent une vis-à-vis, dans un fond, et comme elle
» tirait de bas en haut, elle ne produisit aucun effet. Pendant qu'on
» prenait ces arrangements de part et d'autre, M. de Seidlitz avait
» tourné la droite des ennemis sans qu'ils s'en aperçussent ; il fondit
» alors avec impétuosité sur cette cavalerie. Les deux régiments au-
» trichiens formèrent un front et soutinrent le choc ; mais se trou-
» vant abandonnés par les Français, à l'exception du régiment de
» Fitzjames qui donna ; ils furent presque entièrement détruits.
» L'infanterie des deux armées était encore en marche, et leurs
» têtes n'étaient qu'à la distance de 500 pas. Le roi aurait voulu
» gagner le village de Reichardswerben ; mais comme il restait
» 600 pas à faire pour y arriver, et qu'on s'attendait d'un moment
» à l'autre à voir l'action s'engager, il y détacka le maréchal Keith
» avec cinq bataillons, en quoi consistait toute sa seconde ligne. Le
» roi s'avança en même temps à 200 pas des deux lignes fran-
» çaises et s'aperçut que leur ordre de bataille était composé de ba-
» taillons en colonnes alternativement enlacés dans des bataillons
» étendus. Cette aile de M. de Soubise était en l'air, et la cavalerie
» prussienne étant occupée à poursuivre celle des ennemis, on ne put
» se servir que de l'infanterie pour déborder l'aile. Dans cette vue,
» le roi mit en ligne deux bataillons de grenadiers qui faisaient un
» crochet à son flanc gauche ; ils eurent ordre, au moment que les
» Français s'avanceraient, de faire une demi-conversion à droite, ce
» qui les portait nécessairement sur le flanc droit de l'ennemi. Cette
» disposition fut exécutée ponctuellement. Aussi, dès que les Fran-
» çais s'avancèrent, ils reçurent le feu de ces grenadiers en flanc,
» et, après avoir essuyé tout au plus trois décharges du régiment de

» Brunswick, on vit que leurs colonnes se pressaient vers la gauche.
» Elles eurent bientôt resserré ces bataillons étendus qui les sépa-
» raient. La masse de cette infanterie devenait de moment en mo-
» ment plus grosse, plus lourde et plus confuse ; plus elle se préci-
» pitait sur la gauche, plus elle était débordée par le front des
» Prussiens. Tandis que le désordre allait en croissant dans l'armée
» de M. de Soubise, le roi fut averti qu'un corps de cavalerie enne-
» mie se présentait derrière les troupes. Il fit rassembler en hâte
» les premiers escadrons que l'on put trouver ; à peine les eut-il
» opposés à ceux qui se présentaient derrière son front, que ces der-
» niers se retirèrent avec promptitude ; alors les gardes du corps et
» les gendarmes furent employés contre l'infanterie française, qui se
» trouvait dans le plus grand désordre. La cavalerie l'attaqua, et
» l'ayant facilement dispersée, elle fit un nombre considérable de
» Français prisonniers. Il était six heures du soir quand ce choc se
» donna ; le temps était couvert et l'obscurité si grande qu'il y au-
» rait eu de l'imprudence à poursuivre l'ennemi, quelle que fût la
» confusion dans laquelle continuait sa déroute. Le roi se contenta
» d'envoyer à sa poursuite différents partis de cuirassiers, de dra-
» gons et de housards dont aucun ne passait 30 maistres.
» Pendant cette action, dix bataillons de la droite des Prussiens
» avaient gardé le fusil sur l'épaule sans charger ; le prince Ferdi-
» nand de Brunswick, qui les commandait, n'avait pas quitté le ma-
» rais de Braunsdorf, servant à couvrir une partie de son front ; il
» avait chassé les troupes des cercles qui lui étaient opposées par
» quelques volées de canon, et leur avait fait lâcher pied. Il n'y eut
» que sept bataillons de l'armée du roi qui furent dans le feu, et
» tout l'engagement, jusqu'à la décision du combat, ne dura qu'une
» heure et demie. »

FAUSSETÉS CALCULÉES DE CETTE RELATION.

148. — Une réfutation détaillée de cette relation serait à peu près inutile ; pour être bien comprise, elle exigerait un plan et quelques rapports officiels que nous réservons pour un troisième supplément relatif à la guerre de Sept ans. Nous nous bornerons ici à quelques observations rapides.

1° Il est constant que le 5, à deux heures de l'après-midi, lorsque la tête de l'armée des cercles fut arrivée

à la hauteur de la gauche du camp prussien, les trois
généraux français de Soubise, de Broglie, de Saint-
Germain, furent d'accord pour s'opposer à ce qu'on livrât
la bataille le 5, et demandèrent qu'on attendît au lendemain matin. Ils observèrent avec raison que la nuit
s'opposerait à ce qu'on profitât de la victoire si l'on
obtenait un succès, et que si une première attaque ne
réussissait pas, on ne pourrait pas la renouveler pour
réparer un premier échec. Le prince d'Hildbourghausen
refusa de se rendre à ces sages observations et fit continuer la marche de ses colonnes.

2° Presque partout où Frédéric parle de M. de Soubise
et des Français, il faut mettre M. Hildbourghausen et
l'armée des cercles. C'est l'armée des cercles que Frédéric
côtoya pendant plus de deux heures jusqu'à ce qu'elle
fût arrivée à la hauteur du village de Reichertswerben,
pour amener le détachement français sous le feu des
batteries prussiennes. Cette armée des cercles chemina,
avec confiance, *par un fond, au pied de la hauteur
occupée par l'armée prussienne, à cinq cents pas de
distance,* parce qu'elle savait bien que *l'artillerie ne
ferait point de mouvement précipité ou intempestif
qui eût tout gâté !* qu'elle attendrait que les Allemands
fussent passés et les Français à bonne portée.

3° Ce furent les quarante-deux escadrons de la cavalerie de l'armée des cercles qui s'enfuirent à la première
charge des Prussiens et laissèrent les deux faibles régiments de cavalerie autrichienne exposés aux attaques
des quarante-trois escadrons de la cavalerie prussienne
qui ne les ménagea pas !

4° Ce furent les trente-deux bataillons de l'armée des

cercles qui s'enfuirent aux premières volées d'artillerie
des Prussiens qui n'avaient que sept bataillons à leur
opposer, les autres étant tenus en respect par le fort
détachement de M. de Saint-Germain opposé à la
droite.

Il faut donc nécessairement admettre de deux choses
l'une :

Ou l'armée des cercles était composée de lâches !
Ou le chef de cette armée était un traître.

5° Ce ne fut pas la nuit qui empêcha les Prussiens
de donner suite à leur attaque contre les Français, ce
fut le détachement de la réserve de M. de Saint-Germain,
qui vint prendre en flanc les quelques bataillons prussiens
qui étaient déjà pris à dos par la cavalerie française.
La nuit a probablement évité une défaite à l'infanterie
prussienne qui, *de tournante, allait se trouver tournée,*
pendant que sa cavalerie était occupée à récolter l'artillerie et la cavalerie de l'armée des cercles.

6° Cette affaire fut insignifiante sous le rapport des
pertes des Français ; les six ou sept mille prisonniers que
Frédéric dit avoir faits pendant l'action et le lendemain
étaient des Allemands de l'armée des cercles qui se
réunissaient volontairement aux détachements d'une
trentaine de cavaliers que Frédéric envoya, bien plus
pour leur servir de guides et de point de ralliement,
que pour les poursuivre, mais il n'osa pas même essayer
d'entamer l'arrière-garde française qui prit, sans obstacles, position derrière la rivière Unstrutt.

7° Frédéric dit : « Le roi fut lui-même reconnaître
la marche *de M. de Soubise et fut convaincu qu'elle
était dirigée sur Mersebourg.*

Ce n'est pas ici une simple erreur, c'est un mensonge calculé.

Pour bien saisir cette vérité, il suffit de se rappeler le quadrilatère dont nous avons parlé au n° 143 ; précisons-le encore mieux.

Le front de l'armée combinée s'étendait de Mucheln à Branderode, la distance est de cinq à six mille toises, c'est-à-dire de deux à trois lieues. De Branderode à Weissenfels, il y a de quatre à cinq lieues. De Weissenfels à Mersebourg, quatre lieues. De Mersebourg à Muchel, cinq lieues ; l'armée française occupait Mucheln, l'armée des cercles occupait Branderode.

Cela posé, admettons que par des raisons quelconques, M. de Soubise, qui avait quitté Mersebourg pour venir à Mucheln, où il avait obtenu un si beau résultat, eût jugé à propos de retourner à Mersebourg, quelle route eut-il dû suivre ? Évidemment la route par laquelle il était venu ; il eût suivi le cours de la rivière de Mucheln, qui se jette dans la Saale à Mersebourg et dont les coteaux offraient de magnifiques positions à son armée. Ce trajet eût été exécuté dans la nuit, et le 5, au point du jour, Frédéric eût appris que sa communication avec Mersebourg était coupée. Dans ce cas, il est évident que l'armée combinée eût marché par sa gauche, l'armée des cercles fût venue de Branderode à Mucheln.

En a-t-il été ainsi ? Non. M. Hildbourghausen s'est dirigé vers Weissenfels ! Si M. de Soubise eût voulu se rendre à Mersebourg en suivant cette route, il eût dû parcourir les deux à trois lieues de Mucheln à Branderode, les quatre à cinq lieues de Branderode à Weissenfels, les quatre lieues de Wessenfels à Mersebourg, c'est-à-dire environ douze lieues, en prêtant le flanc à l'ennemi établi dans une bonne position centrale, au lieu des cinq lieues par la route directe et sûre de Mucheln à Mersebourg !

L'absurdité d'une semblable combinaison prouve évidemment qu'elle n'a pu entrer dans les idées des généraux français qui avaient montré une si grande intelligence dans le choix et la préparation de la belle position de Mucheln, devant laquelle le roi de Prusse vint échouer le 4, et qu'ils avaient intérêt à conserver.

Quel a donc pu être le but de M. d'Hildbourghausen en se dirigeant vers Weissenfels qui était au pouvoir des Prussiens? Évidemment de faire sa jonction avec eux, de leur livrer son artillerie et sa cavalerie qui leur étaient indispensables pour secourir efficacement l'armée prussienne de Silésie, démoralisée par des défaites successives. Pour cela, il fallait forcer M. de Soubise à quitter sa position avantageuse, en découvrant son flanc droit et l'attirer dans un piége par un simulacre de bataille, dont on ferait retomber tout le poids sur lui en fuyant aux premières volées de l'artillerie prussienne.

Tel est le secret du succès de Leuthen et de quelques autres dont nous nous occuperons dans le troisième supplément; terminons celui-ci par l'examen d'une grande question qui a déjà été très-controversée sans être résolue.

VI

LES ÉVÉNEMENTS MILITAIRES ARRIVÉS EN ALLEMAGNE EN 1866 ONT-ILS ÉTÉ UTILES OU NUISIBLES A LA FRANCE.

149. — Dans ses Mémoires pour servir à l'histoire de la Maison de Brandebourg, Frédéric II, parlant de

Frédéric III, électeur, devenu roi de Prusse en 1700 sous le nom de Frédéric Ier, dit :

« L'électeur était rempli d'une haine aveugle pour tout ce qui
» était français. Les partisans de l'Empereur nourrissaient soigneu-
» sement ce prince dans cette disposition, dont il ne pouvait résulter
» pour eux que des avantages. Ils la fomentaient encore *en créant*
» *le fantôme de la monarchie universelle de Louis XIV, avec*
» *laquelle ils ensorcelaient la moitié de l'Europe.* L'Allemagne
» fut souvent émue par cette *machine puérile* et plongée dans des
» guerres qui lui étaient tout à fait étrangères ; mais comme la
» trempe des meilleures armes vient enfin à s'émousser, ces argu-
» ments perdirent insensiblement la force de l'illusion, et *les princes*
» *allemands comprirent que, s'il y avait, pour eux, un despotisme*
» *à craindre, ce n'était pas celui de Louis XIV.* »

150. — Frédéric contribua à faire disparaître ce fan-tôme parce que le concours de la France lui était néces-saire pour conserver la Silésie, mais lui et ses succes-seurs surent bien le ressusciter contre Louis XV, la République et l'Empire français. *Les princes allemands se laissèrent de nouveau ensorceler* et mordirent à l'hameçon prussien, ils perdirent de vue le despotisme qui les guettait et *se laissèrent entraîner dans des guerres qui leur étaient étrangères.* Aujourd'hui, il ne leur est plus permis de s'y tromper, ils ont payé assez cher la leçon qu'ils ont reçue pour en garder le souvenir ! Ils connaissent le despote qui les foule aux pieds, les rançonne, les annexe à son Empire et se dispose à pro-diguer leur sang comme Frédéric a prodigué celui des 189 000 victimes prussiennes de la guerre de Sept ans.

Voilà donc un premier point capital irrévocablement acquis, non-seulement à la France, mais aussi à l'Autriche et à la Russie ; les *fantômes* français et russe ne sont plus l'épouvantail de l'Europe, le fantôme autrichien n'est plus l'épouvantail de l'Allemagne ! La Prusse s'est chargée de ce rôle, ou plutôt de ce fardeau, bien lourd pour ses faibles épaules! Le portera-t-elle longtemps? C'est le secret de l'avenir et peut-être un peu le nôtre.

Quoi qu'il en soit, la première conséquence du nouvel état des choses est, comme nous l'avons dit au n° 75, que s'il se forme à l'avenir des coalitions, ce ne sera pas contre la France, mais contre la Prusse qu'elles seront dirigées.

Par ce seul fait la France doit se féliciter des événements accomplis en 1866; il en est beaucoup d'autres, nous nous dispensons de les énumérer. Ce deuxième supplément est un fanal historique qui porte au loin sa lumière. Nous verrons bientôt se développer ses nombreuses et importantes conséquences.

Paris. — Imprimerie de E. MARTINET, rue Mignon, 2.

9 782019 967253